宇都宮
至福の上等なランチ

Fabulous Lunch of top quality in Your Town

三上秀平 監修
ジェイアクト 著

メイツ出版

もくじ

この本の使い方

お店おすすめのコース料理、またはおすすめの一品を撮影しています。

旬の新鮮な魚介を使ったパスタが堪能できる

Itarian

Pacchia Di Mare《ぱっきあ でぃ まーれ》

☎ 028-622-6019

ランチ 1,000円〜

ディナーコース 2,500円〜

Lunch 月・火・水・木・金・

Lunch Menu

Aランチ 1,000円
お好みのパスタ・サラダ・パン・ドリンク

Bランチ 1,500円
お好みのパスタ・前菜盛り合わせ・パン・ドルチェ・ドリンク

＊パスタの大盛りはプラス200円
＊ランチドルチェはプラス200円

県庁前の信号から歩いて5分ほどのところにある、夫婦で営む小さな一軒家のイタリアンレストランです。店内はイタリアのレストランをイメージしたこだわりの空間。一階はカウンター席のみで、一人でも気軽に立ち寄れます。

ランチタイムはお好みのパスタを選んで楽しめる2つのセットメニューが用意されています。Bランチの前菜盛り合わせは、マリネやキッシュ、手間ひまかけて作るパテなどが一皿に盛られ、ちょっと慌ただしいランチタイムにも彩りを添えてくれます。

18

お店で提供されている料理をマークにしました。さまざまな料理を提供しているお店は、代表的なものになっています。

- Yoshoku ………洋食
- Japanese ………和食
- French ………フランス料理
- Itarian ………イタリア料理
- Chinese ………中華料理

ランチタイムの最低料金と、ディナーコースの最低料金を記しました。アラカルトメニューは含まれていません。

ランチタイムのメニューから、写真でご紹介しているものも含めて、おすすめを記しました。

ランチタイムのメニュー・ディナータイムのコース料理の目安です。また、ランチメニューを提供している曜日に〇を付けました。祝日についてはその都度お問い合わせ下さい。

※この情報は2014年11月現在のものです。営業時間や定休日、価格などが変更になる場合がありますので、事前にご確認下さい。
※料理の画像は撮影時のものです。季節やその日の仕入れによって、内容が異なりますのでご了承下さい。
※価格は原則として税込表記をしておりますが、お店によって税別価格の場合もあります。その都度お店にご確認下さい。
※ホテル内のレストランなどでは、サービス料が加算されることもありますので、ご注文の際にご確認下さい。

お店自慢の一品料理やお酒、店内の様子などをご紹介しています。写真と照らし合わせてご覧ください。

オーナーシェフからひとこと

新井和也さん

一人でも気軽に立ち寄っていただけるお店です。お子様からお年寄りまで三世代で楽しめるアットホームな雰囲気を心がけております。毎日市場で仕入れる新鮮な食材で、また来たいと思っていただけるような料理をご提供致します。是非ご来店下さい。

1. 写真は「Bランチ 1,500円」。お好みのパスタ・前菜盛り合わせ・パン・ドルチェ・ドリンク。ドリンクをプラス200円でグラスワインに変更することもできます。
2. 土曜日限定で提供される「ピッツァランチ 1,300円」のピッツァの一例。サラダ・ドルチェ・ドリンク付き。
3. ランチドルチェの一例。季節のフルーツが添えられ、かわいらしく目でも楽しめます。
4. 1階はカウンター席、2階にテーブル席があります。ランチタイムは混み合うので、13時過ぎがおすすめです。
5. 栃木会館の裏手、八幡山公園通り沿いにある小さなレストランです。
6. カウンター席6・テーブル席12・個室はなし。

Information

- 所在地／宇都宮市塙田2-5-3
- 交通／東武宇都宮駅より徒歩10分
- 駐車場／なし
- 営業時間／ランチ11:30～14:00 (L.O.)　ディナー17:30～23:00 (LO 22:00)
- 休業日／日曜日

■カード　不可　■席予約　席のみの予約可(前日まで)　■禁煙席　ランチタイムは全席禁煙

19

お店からのメッセージです。

お店の基本情報です。営業時間はランチタイムとディナータイムを記しています。定休日には年末年始の休みは含んでおりません。また、税別表記をしているお店については、但し書きがあります。

お店で使用できるカードや禁煙席の有無、席だけを予約することができるかどうかをご案内しています。料理の予約はなるべく早めに問い合わせてみて下さい。

宇都宮中心部 MAP

栃木銀行
大曽保
那須塩原駅
錦中央公園
岡本駅
奥州街道
10
東図書館
石の蔵　P.40
中今泉
今泉中央公園
東塙田
田川
大泉橋通り
東北本線
今泉東
ローソン
ユニクロ
日本料理 月乃兎 本店　P.36
東小
白揚高
東橋
10
64
県庁前通り
今泉町
Chinese Kitchen 樂來チャイナ　P.20
CRT
ハウジング
味問屋 明日香 宇都宮店　P.32
64
ヤマダ電機
元今泉町
宇農前通り
博労町
東北新幹線
妙金寺
セブンイレブン
マロニエプラザ
市体育館
今泉小
元今泉
共和大学
ララスクエア
駅東公園
上河原通り
大通り
10
イタヤホテル
宮の橋
Osteria Anjo　P.118
東町
カンセキ
宇都宮駅
田川
川向銀座通り
足利銀行
ローソン
4
鬼怒通り
東宿郷
フラココ
宇都宮
中央病院
スカイホテル
峰町
ゲーム
スペースA-7
トーヨー
ボウル
セブンイレブン
1
カルナ
いちょう通り
南大通4
エストINN
あずま保育園
上野楽器
群馬銀行
簗瀬小
1
宿郷
たいらや
旭陵通り
平松町
コスモ
陽東
蕎麦遊膳 花よし　P.116
123
城東小
宇都宮大
東北新幹線
46
簗瀬
ヨーク
ベニマル
フレール
イタリア料理&ワイン Ristrante Aujancool since 1995　P.22
平成通り
平松町
製氷冷蔵
中央卸売場
簗瀬4
山新
簗瀬町
サンクス
カワチ
N
平松本町
200m
4
西原町小山駅

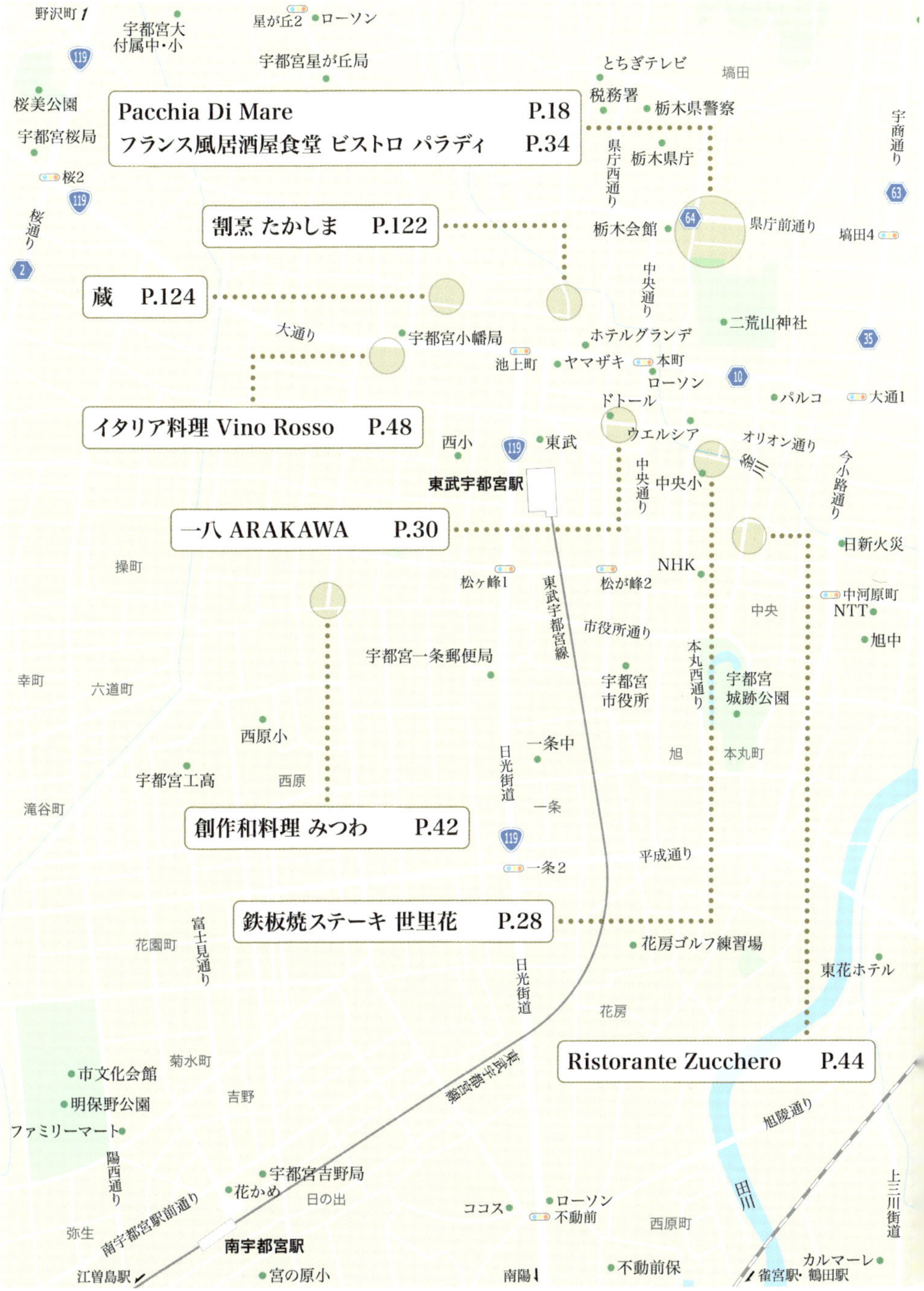

Pacchia Di Mare P.18
フランス風居酒屋食堂 ビストロ パラディ P.34
割烹 たかしま P.122
蔵 P.124
イタリア料理 Vino Rosso P.48
一八 ARAKAWA P.30
創作和料理 みつわ P.42
鉄板焼ステーキ 世里花 P.28
Ristorante Zucchero P.44
野沢町
宇都宮大付属中・小
星が丘2
ローソン
宇都宮星が丘局
とちぎテレビ
塙田
桜美公園
税務署
栃木県警察
宇都宮桜局
県庁西通り
栃木県庁
宇商通り
桜2
桜通り
栃木会館
県庁前通り
塙田4
中央通り
大通り
宇都宮小幡局
ホテルグランデ
二荒山神社
池上町
ヤマザキ
本町
ローソン
ドトール
パルコ
大通1
ウエルシア
オリオン通り
西小
東武
東武宇都宮駅
中央通り
中央小
釜川
今小路通り
日新火災
操町
松ヶ峰1
松が峰2
NHK
東武宇都宮線
中河原町
NTT
中央
旭中
市役所通り
宇都宮一条郵便局
本丸西通り
宇都宮市役所
宇都宮城跡公園
幸町
六道町
西原小
一条中
日光街道
旭
本丸町
宇都宮工高
西原
滝谷町
一条
平成通り
一条2
富士見通り
花園町
花房ゴルフ練習場
日光街道
東花ホテル
花房
菊水町
市文化会館
明保野公園
吉野
東武宇都宮線
旭陵通り
ファミリーマート
陽西通り
宇都宮吉野局
花かめ
日の出
田川
上三川街道
南宇都宮駅前通り
ココス
ローソン
不動前
西原町
弥生
南宇都宮駅
カルマーレ
江曽島駅
宮の原小
南陽
不動前保
雀宮駅・鶴田駅

宇都宮北部 MAP

那須塩原
ニューセントラルGC
白沢町
河内変電所
和久
セブンイレブン
125
河内体育館
古里中
Le Poulailler P.82
河内図書館
岡本幼
北山霊園
前島
Restaurant chez Inose P.96
サンユー
岩本町
東北新幹線
白沢街道
河内中
宝積寺駅
山田川
岡本西小
海道町
157
Le Miel P.46
ダントー工場
モービル
とりせん
たいらや
上川俣
交番
豊郷中
セブンイレブン
県立岡本台病院
海道小
足利銀行
岡本駅
駅北
帝京大入口
豊郷中央小
国立病院
下岡本
119
4
関堀町
ヤナセ
サンユー
御幸が原小
下川俣町
宇都宮環状線
上野
カワチ
ヨークベニマル
119
下岡本町
奥州街道
田川
宇都宮北高
セブンイレブン
足利銀行
利根コカコーラ
市民センター
セブンイレブン
平出工業団地
63
のざわ特別支援学校
サンクス
4
豊郷田園通り
とりせん
東北本線
ニトリ
御幸公園
旬彩 阿久津 P.50
田原街道
御幸本町
豊郷南小
極楽湯
カインズホーム
済生会病院
御用川
サンユー
Restaurant MÂCHONNER P.98
レクサス
セブンイレブン
県庁河内舎
御幸小
宇都宮平出局
大曽2
ホテル東日本
東町局
皆藤病院
鬼怒中
4
競輪場通り
10
東町
宇都宮中央自動車学校
宇都宮東病院
錦小
今泉新町
宇都宮東署
ホンダ
寺内
63
大錦橋通り
ローソン
東署南
錦中央公園
奥州街道
IL Ristorantino P.84
大曽保
ヨークベニマル
東図書館
今泉中央公園
宇商通り
大曽橋通り
ユニクロ
泉が丘中
泉が丘通り
東小
白揚高
64
今町
塙田4
元今泉町
宇農前通り
泉が丘
新4号バイパス
宇都宮サッカー場
博労町
市体育館
泉が丘局
今泉小
N
大通1
ララスクエア
宇都宮駅
駅東公園
4
県央産業技術大
500m
大通り
宮の橋
東宿郷
鬼怒通り
峰町
コジマ
エネオス
平出
雀宮駅

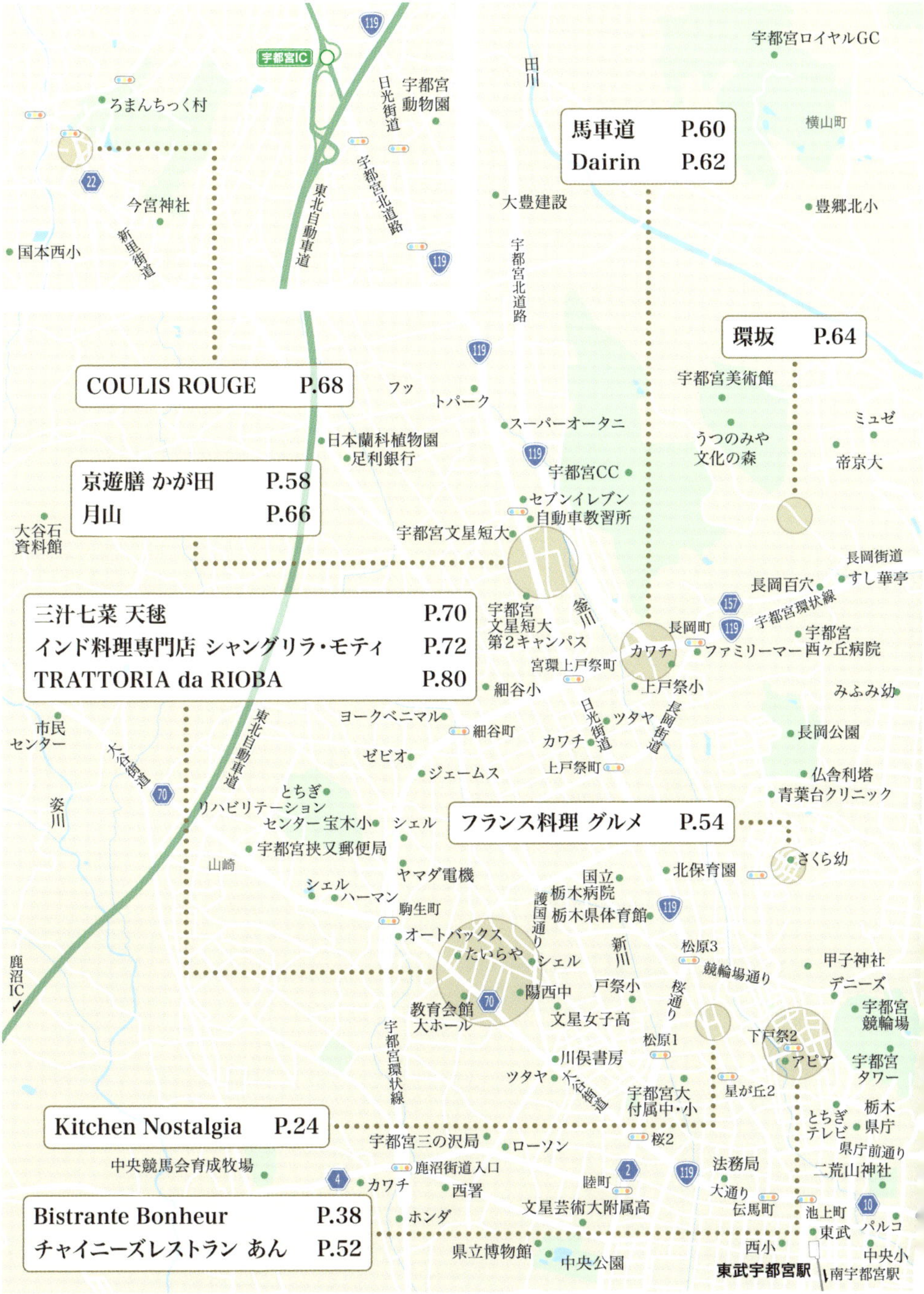
宇都宮IC
119
日光街道
宇都宮動物園
田川
宇都宮ロイヤルGC
横山町
馬車道 P.60
Dairin P.62
ろまんちっく村
22
今宮神社
新里街道
国本西小
東北自動車道
宇都宮北道路
119
大豊建設
豊郷北小
宇都宮北道路
環坂 P.64
119
COULIS ROUGE P.68
フットパーク
スーパーオータニ
宇都宮美術館
うつのみや文化の森
ミュゼ
帝京大
日本蘭科植物園
足利銀行
119
宇都宮CC
京遊膳 かが田 P.58
月山 P.66
セブンイレブン
自動車教習所
大谷石資料館
宇都宮文星短大
長岡街道
すし華亭
長岡百穴
宇都宮環状線
157
三汁七菜 天毬 P.70
インド料理専門店 シャングリラ・モティ P.72
TRATTORIA da RIOBA P.80
宇都宮文星短大第2キャンパス
釜川
長岡町
119
カワチ
ファミリーマート
宇都宮西ヶ丘病院
宮環上戸祭町
細谷小
上戸祭小
みふみ幼
市民センター
東北自動車道
ヨークベニマル
細谷町
日光街道
ツタヤ
長岡街道
長岡公園
大谷街道
70
ゼビオ
カワチ
ジェームス
上戸祭町
仏舎利塔
青葉台クリニック
姿川
とちぎリハビリテーションセンター
宝木小
シェル
フランス料理 グルメ P.54
宇都宮抉又郵便局
山崎
さくら幼
ヤマダ電機
国立栃木病院
北保育園
シェル
ハーマン
駒生町
護国通り
栃木県体育館
119
オートバックス
たいらや
シェル
新川
松原3
競輪場通り
甲子神社
鹿沼IC
陽西中
戸祭小
桜通り
デニーズ
教育会館大ホール
70
文星女子高
宇都宮競輪場
宇都宮環状線
松原1
下戸祭2
アピア
宇都宮タワー
川俣書房
ツタヤ
大谷街道
宇都宮大付属中・小
星が丘2
Kitchen Nostalgia P.24
とちぎテレビ
栃木県庁
宇都宮三の沢局
ローソン
桜2
県庁前通り
中央競馬会育成牧場
鹿沼街道入口
2
119
法務局
二荒山神社
4
カワチ
西署
睦町
大通り
10
Bistrante Bonheur P.38
チャイニーズレストラン あん P.52
ホンダ
文星芸術大附属高
伝馬町
池上町
パルコ
東武
県立博物館
中央公園
西小
中央小
東武宇都宮駅
南宇都宮駅

BARACCA P.86
SENTEURS P.88
四季の味 玉寿司 P.112
天空ダイニング Regalo P.78
Taverna Sakurai P.114
CAFÉ MAISON DE TAKASHI SALON DE THÉ P.26
日本料理 薫風 P.102
ミラノ食堂 下栗店 P.56
pizzeria trattoria アロマ デル ソーレ P.100
上海飯店 中華 紅樓夢 P.90
茶寮 やすの P.92
CAFE UNE P.94
大泉橋通り
東北新幹線
東北本線
東小
塙田4
今泉町
元今泉町
今泉小
ララスクエア
宇都宮駅
東宿郷
宇都宮中央病院
田川
旭中南大通4
簗瀬小
あずま保
城東小
ヨークベニマル
旭陵通り
今泉中央公園
泉が丘中
村田歯科
ふれあいプラザ
白揚高
宇農前通り
泉が丘
宇都宮サッカー場
市体育館
県央産業技術大
駅東公園
鬼怒通り
峰町
トーヨーボウル
カワチ
コジマ
ベイシア
エネオス
足利銀行
平出
コスモ
市民センター
平出むつみ幼
カルナ
ベルモール
TOHOシネマズ
平石中央小
平松町
宇都宮大
峰小
足利銀行
陽東小
宇都宮大
中央卸売場
簗瀬4
山新
栃木銀行
石井
鬼怒川台幼稚園
サンクス
陽東中
石井郵便局
簗瀬
鬼怒橋
新鬼怒橋
足利銀行
平成通り
石井小
エネオス
上三川街道
石井緑地
に続く
下栗
石井町
日産
東北新幹線
宇都宮下栗局
横川東小
問屋町
家具の亀田
大塚
宇都宮東高・中
下栗町
久保田
岡ノ内
川田水再生センター
サンハウス
下栗
屋板運動場
横川中
鬼怒川緑地運動公園
横川中央小
宇都宮屋板局
屋板町
田川
石井
に続く
鬼怒川台幼稚園
下竹下
秋本食品
石井郵便局
鬼怒橋
宇都宮清原自動車学校
宇都宮清陵高
エネオス
新鬼怒橋
清原中
作新学院大
鬼怒川
石井緑地
エネオス
鐺山
星宮神社
老人ホーム
JA
シェル
ホテル鐺山
清掃工場
東横田町
セブンイレブン
中島町
コスモ
農業大学
芳賀町
真岡市

こころの味 みくら　P.74
新作学院
宇都宮三の沢局
ローソン
鹿沼街道入口
桜2
中央競馬会育成牧場
カワチ
西署
文星芸術大
附属高
睦町
宇都宮短大
鷺谷病院
羽黒神社
ホンダ
まこと幼
砥上ゴルフ練習場
宇都宮環状線
県立博物館
中央公園
桜通り
大垣薬局
富士見小
幸町
とちぎテレビ
栃木県庁
県庁前通り
法務局
二荒山神社
ホテルグランデ
裁判所前
池上町
本町
西小
東武
東武宇都宮駅
松が峰2
松ヶ峰1
宇都宮市役所
宇都宮一条局
西原小
日光街道
宇都宮城跡公園
一条2
平成通り
宇都宮周辺P6
ファミリーマート
シェル
鹿沼インター通り
姿川
宮環鶴田陸橋
ジョモ
東京インテリア
エネオス
トイザラス
滝谷町
文化会館入口
市文化会館
たいらや
宮の原中
パシオス
南宇都宮駅
味の民芸
不動前
ベジタブルキッチン Santé　P.76
鹿沼駅
宮の原小
イエローハット
鶴田川
日光線
衛生福祉大学校
西原
下砥上町
八千代1
陽南小
県立がんセンター
川田入口
ジョモ
kitchen Comme･Chez･Veux　P.104
アピタ
宇都宮江曽島局
江曽島駅
ヤマダ電機
丸笠
江曽島駅入口
姿川市民センター
姿川中央小
東武宇都宮線
スーパーオータニ
田川
岡田電気産業
栃木銀行
中華彩食 やまと　P.120
ローソン
競馬場北入口
オリンピア
北坪
姿川
リビングウエノ
栃木街道
緑が丘小
新川
国道121号
料金所
羽生田街道
さつきロード入口
さつきロード
横川西小
La patina　P.108
陽光小
陸上自衛隊
宇都宮競馬場場外馬券売場
西川田本町
カンセキ
エコ・タウン
わくわくグランディ科学ランド
西川田駅
とちぎファミリーランド
ガリバー4号
北宇都宮駐屯地
総合運動場
2りんかん
Atelier de Yoshimi　P.106
西川田南
血液センター
日本引越センター
ヨークベニマル
日光街道
東北本線
東北新幹線
総合グランド入口
南警察署前
カワチ
宇都宮南署
宇都宮環状線
宮の内2
兵庫塚局
ホンダ
コジマ薬局
フランス料理 アコール　P.110
若松原中
上御田町
N
500m
安塚駅
上三川町
石橋駅
小山駅

食の達人が見つけた
「すてきなこだわりをもった店主さん」

宇都宮短期大学附属高等学校　調理科主事　三上秀平

私の暮らすうつのみやは、温暖な気候ゆえに豊かな実りに恵まれています。そして気概をもった料理人たちが腕を競いあって、私たちの食生活を豊かなものにしてくれています。

市内のレストランには、地域に根ざした食文化や地元でとれる農産物を自分たちの手で守り育て、次の世代に継承していこうと日々研鑽を積んでいる料理人がたくさんいて頼もしいばかりです。職業柄、日々、たくさんのお店の料理を楽しませていただいています。

今回は、料理はもちろんのこと、この土地ならではのこだわりや、お客様に素敵な時間を過ごしてもらうためのこだわりをもった店主さんたちを訪ねました。店主さんたちの人柄が、料理に彩りを添えてくれることと思います。そして、素敵な料理人との会話も楽しんでみてはいかがでしょうか。

料理もおしゃべりも いっそう楽しめる落ち着いた空間

国道4号線沿いのマンションの一階に、イタリアの小さなお料理屋さんのような雰囲気の、あたたかみのあるお店を見つけました。シェフが「自分が行きたいと思うお店」をイメージして作り上げた店内は、来た人がくつろげる、ということを一番に考えてデザインされた空間です。

「料理はもちろん、一緒に居る人との会話も含めて、ここにいる時間を最大限に楽しめる空間」であるために、目に付くところには派手な色の物は置かないようにするなど、なるべくシンプルを心がけているそうです。

「もともとは真っ白の壁だったのですが、職人さんにお願いして、間接照明が映える塗り方をしてもらいました。落ち着く色合いになっているでしょう？ 10年後にいい味がでるように作ってもらったのですが、今年で11年目。ちょうどいい時期です。」と話す、満足そうなシェフの笑顔が印象的でした。

自慢のワインとともに出していただいたこだわりの一品は「トリッパのトマト煮」。イタリアの伝統料理で、トリッパは「牛の胃」、つまりハチノスです。メイン料理としてはもちろん、ワインのおつまみにもGOOD。

「このワインは分類でいうと白ワインなのですが、少し色がついていますよね。白ぶどうを表皮ごとつけて、外の土の中に埋めて作る、酸化防止剤などもいっさい入ってない自然派のワインです。すごく長持ちするんですよ。」と、シェフおすすめのワインをランチタイムにも是非味わっていただきたいと思います。料理にもワインにも空間にもこだわりが見えるお店です。

BARACCA
ばらっか

宇都宮市元今泉 7-16-15
マロニエハイツ今泉
028-664-1366 (86 ページ参照)

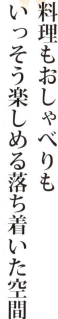

子どもの頃からよい料理にふれて よい食で育てる「食育」

　上戸祭の閑静な住宅街に一軒家のレストランがあります。この道40年以上、まだフレンチレストランがあまり日本にない時代から学んでいたというシェフが営むお店です。本格的なフランス料理のコースをお子様も一緒に楽しみたいというご家族も多いのではないでしょうか。

　このお店のシェフは「小さい頃からこのような料理を食べることはとてもよいこと。フランスではみんなそうしているんですからね」と、お子様連れも歓迎してくれます。かといって、「お子様ランチ」のようなメニューが用意されているわけではなく、大人と同じものが食べられる子には同じものを、無理な場合はメイン料理を食べやすいものに変えてくれるそうです。

　食材についても「栃木県は、野菜が豊富ですからね。意識しなくても、当たり前のように栃木の野菜を使っています。肉はフランスの物を。魚は築地から直送。オマール海老は日本では獲れないので、オーストラリアなどからの直送。生きたままです。冷凍は使いません。」と徹底したこだわりぶり。

　写真は席の位置を示すための「位置皿」。西洋料理では食卓につく前に、大き目の「位置皿」が置かれています。これらは料理が出てくる前に下げられてしまいますが、色柄がきれいなお店自慢のものです。グルメでは、やさしい雰囲気を出すために、女性が描かれたお皿が置かれるそうです。席に着いた時から、コース料理は始まっているのですね。そんなマナーも心得ながら、家族みんなで一皿ごとに目も楽しませてくれる料理を味わってみてはいかがでしょうか。

フランス料理 **グルメ**

ふらんすりょうり ぐるめ

宇都宮市戸祭台 49-5

028-625-4203 （54 ページ参照）

フランス人のシェフが作る本物のフレンチを素敵な空間で

白沢街道から西松屋、のざわ特別支援学校の裏手にまわった田園風景の中に、とても明るい、フレンドリーなフランス人シェフが営むフランス料理店があります。古い建物かと思いきや、同じ敷地内で「古道具　あらい」を営む荒井さんが、窓枠や扉、照明など、古いものを当時のままの状態で使用して建てたものだそうです。

「日本にあるフレンチレストランは大抵が日本の食材を使用して、日本人の舌に合ったフレンチを提供しています。他のお店で食べられるものは出しません。どこでも食べられるなら、ここではやらなくてもいいかなって思います。」と話すブノワシェフ。

ランチのみの営業なので、主婦の方々が多く来店するそうです。価格設定は少し高めかな、と感じましたが、シェフのこだわりはそこにもありました。「私は外食をするなら、簡単なパスタやありきたりな料理ではなく、家では食べられないものを食べたいです。少し高いかもしれませんが、家庭では決して食べられない料理をお出ししています。」

そんなこだわりをもったシェフの料理は、伝統的な料理をひと工夫して、オリジナリティ溢れるものに仕上げています。地元の農家から仕入れる新鮮な野菜のうま味が堪能できる調理法もＧＯＯＤ。うさぎの料理なども提供されているので、おすすめのワインやビールとともに楽しんでみてはいかがでしょうか。

パパでもあるブノアシェフ、今は家族といる時間を大切にしたいから、昼間のみの営業だそうですが、後々は夜も賑やかに楽しんでもらえるお店にしたいと話してくれました。

Le poulailler
るぷらいえ

宇都宮市岩曽町 898-2
080-4348-0035 (82 ページ参照)

入りやすく、居心地のいい「和モダン」なお店

日本料理のお店は数あれど、気軽に立ち寄れるモダンな雰囲気で、リーズナブルでありながら、見た目、味ともに高級感のあるお店は女性に大変喜ばれるのではないかと思います。

店に入ると、素材がそのまま活かされた木のカウンターやテーブルに、おしゃれなカバーのソファー席が目を引きます。店内に流れているのはジャズ。”和“と”モダン“の調和が落ち着く雰囲気を演出しています。

厳しい修行を、持ち前の負けず嫌いで乗り越え、1年ほど前に独立したという薫風の店主菅谷さんを訪ねました。目でも楽しめる美しい料理には、日光杉・大谷石などを使用したこだわり器を使用しています。「栃木の特色を出したいということと、地元のものを使って話題づくりをしたいとの思いもありました。器は工房に直接注文しているのですが、料理を盛りつけることをイメージして造っていただいています。日本料理は見た目もすごく大事ですからね。」と話される通り、実際に盛りつけられた料理はとても映え、インパクトがありました。「料理を出した時のお客様の驚きと喜びの声が本当に嬉しい。サプライズが好きな性格なんです。」と、照れくさそうに笑う菅谷さん。

地産地消にこだわりを持ち、「料理でお客さまと私たち、みんなが幸せに……」をモットーにしている菅谷さんの人柄が伝わるお店です。そして気配りの行き届いたスタッフの丁寧な接客もこの居心地のよさを作り出しているのでしょう。

日本料理 **薫風**《くんぷう》

宇都宮市東簗瀬 1-7-2
パールマンション 1F
028-612-8117（102 ページ参照）

どっしりとした大谷石の蔵が目印！こだわりのそばを提供するお店

たくさんの飲み屋さんが軒を並べる「泉町」に風情のあるお蕎麦屋さんがあります。商家として使用されていた築一一〇年以上の大谷石の蔵を改装したそうです。重厚感のある店構えで店内のインテリア、小物にも懐かしさを感じます。外階段を上がると二階には宴会などで利用できる部屋があります。現在は使われていませんが、隠し階段の後が見られるなど、蔵の雰囲気が楽しめます。

そばの実は産地を厳選し、北海道稚内産、県内益子産のものを使用。写真にある真っ黒なそばの実を脱皮せず、そのまま石臼で挽いた「田舎そば」もおすすめです。外から見えるところに石臼があり、毎朝その日の分だけ自家製粉して、打ち立て、茹でたてで提供されるそばは、やはり香りが違います。

「農作業こそできませんが、いつでも同じ味でお出しできるように温度や湿度を常に一定にするなど、自分にできる限りのことはこだわっています」と話す店主の並木さんはここで開業して36年。今はその味を息子さんが受け継いでいます。

泉町という立地から、夜はお酒を楽しむ人が多いお店。息子さんは日本酒にこだわって、全国各地のおいしいお酒を探求しているそうです。そんな息子さんのおすすめは三重県の日本酒「而今（じこん）」。毎月入荷するそうですが、すぐになくなってしまうのでマメに足を運ぶのが得策です。ランチで出かけたら、是非お父さんにも教えてあげて下さい！

そしてお酒の後の〆はおいしい手打ちそばをどうぞ。

蔵《くら》

宇都宮市泉町 7-13
028-625-6709 （124ページ参照）

旬の新鮮な魚介を使ったパスタが堪能できる

Itarian

Pacchia Di Mare《ぱっきあ でぃ まーれ》

☎ 028-622-6019

ランチ 1,000円～

ディナーコース 2,500円～

Lunch 月・火・水・木・金・土・日

Lunch Menu

Aランチ 1,000円
お好みのパスタ・サラダ・パン・ドリンク

Bランチ 1,500円
お好みのパスタ・前菜盛り合わせ・
パン・ドルチェ・ドリンク

＊パスタの大盛りはプラス200円
＊ランチドルチェはプラス200円

県庁前の信号から歩いて5分ほどのところにある、夫婦で営む小さな一軒家のイタリアンレストランです。店内はイタリアのレストランをイメージしたこだわりの空間。一階はカウンター席のみで、一人でも気軽に立ち寄れます。

ランチタイムはお好みのパスタを選んで楽しめる2つのセットメニューが用意されています。Bランチの前菜盛り合わせは、マリネやキッシュ、手間ひまかけて作るパテなどが一皿に盛られ、ちょっと慌ただしいランチタイムにも彩りを添えてくれます。

3

2

6

5

4

オーナーシェフからひとこと

新井和也さん

一人でも気軽に立ち寄っていただけるお店です。お子様からお年寄りまで三世代で楽しめるアットホームな雰囲気を心がけております。毎日市場で仕入れる新鮮な食材で、また来たいと思っていただけるような料理をご提供致します。是非ご来店下さい。

1. 写真は「Bランチ 1,500円」。お好みのパスタ・前菜盛り合わせ・パン・ドルチェ・ドリンク。ドリンクをプラス200円でグラスワインに変更することもできます。
2. 土曜日限定で提供される「ピッツァランチ 1,300円」のピッツァの一例。サラダ・ドルチェ・ドリンク付き。
3. ランチドルチェの一例。季節のフルーツが添えられ、かわいらしく目でも楽しめます。
4. 1階はカウンター席、2階にテーブル席があります。ランチタイムは混み合うので、13時過ぎがおすすめです。
5. 栃木会館の裏手、八幡山公園通り沿いにある小さなレストランです。
6. カウンター席6・テーブル席12・個室はなし。

Information

- 所在地／宇都宮市塙田2-5-3
- 交通／東武宇都宮駅より徒歩10分
- 駐車場／なし
- 営業時間／ランチ11:30～14:00(L.O.)　ディナー17:30～23:00(LO 22:00)
- 休業日／日曜日

■カード　不可

■席予約　席のみの予約可(前日まで)

■禁煙席　ランチタイムは全席禁煙

テイクアウトメニューも充実！

Chinese

Chinese kitchen 樂來チャイナ

ちゃいにーずきっちん　ららちゃいな

☎ 028-627-0077

ランチ 860円～

ディナーコース 2,500円～

Lunch 月・㊋・㊌・㊍・㊎・㊏・㊐

Lunch Menu

麺ランチ 980円
サラダ・点心・五目あんかけやきそば・デザート or ドリンク

飯ランチ 980円
サラダ・点心・あんかけチャーハン・デザート or ドリンク

日替わりランチ 860円（限定10食）
サラダ・点心・本日のメイン・デザート or ドリンク

二〇一四年六月にオープンした、木の格子が中国の雰囲気を漂わせている中国料理屋さん。木のテーブルと白い壁の落ち着いた雰囲気の中、ゆったりと食事を楽しめます。シェフがひとつひとつ料理にこだわって作った、本格中華料理がリーズナブルな価格で味わえるはうれしい限り。

均一価格のテイクアウトメニューも人気で、点心やデザートがあり、お店だけでなく、自宅でも本格中華を味わえます。事前に電話をすれば、待ち時間なく持ち帰ることができます。

オーナーシェフからひとこと

大橋剛さん

樂來チャイナ（ララチャイナ）の店名には、お客様が「食べてHAPPYになる」という願いを込めてつけました。店内でのお食事はもちろん、テイクアウトでもお客様にHAPPYになって頂けるように毎日まごころ込めて作っています！樂來チャイナでHAPPYになりませんか！

1.「LaLaランチ　1,350円」。前菜・点心・海老のチリソース煮・選べるメイン・デザート2種・ドリンク。写真のメインは「海鮮焼きそば」。

2. 写真は「干し貝柱入り中華粥」。LaLaランチのメインで選べます。女性に人気！

3. テイクアウトメニューも豊富。「五目あんかけ焼きそば　540円」「春巻き　350円」「マンゴープリン　280円」。

4. 夫婦で営むアットホームなお店。気軽に立ち寄っておいしい中国料理が楽しめます。

5. お店の前には商売繁盛を願ったパンダのぬいぐるみがおいてあります。

6. 座席数はテーブル席14・個室はなし。

Information

- **所在地**／宇都宮市今泉4-12- 1Kビル1F
- **交通**／JR宇都宮駅より関東バスで今泉5丁目下車徒歩約1分
- **駐車場**／有（2台）無料
- **営業時間**／ランチ11:30 ～ 14:30（L.O.）
ディナー 17:00 ～ 21:00（L.O.）
- **休業日**／月曜日

■**カード**　不可　■**席予約**　席のみの予約も可（当日まで）　■**禁煙席**　全席禁煙

シェフ自らが選び抜いた日本各地やヨーロッパの食材

Itarian

イタリア料理&ワイン《いたりありょうり&わいん》 Ristrante Aujancool《りすとらんて あじゃんくーる》 since 1995

イタリア産の小麦粉を使ったモチモチ食感の手打ちパスタや仔羊、鴨、ジビエなどの肉料理……トスカーナ地方のフィレンツェで料理を学んだシェフが本格イタリアンを提供してくれるお店です。店内は天井が高く、ゆったりとテーブルが配された寛ぎ空間。贅沢な気分で昼下がりのひとときが過ごせます。

ランチタイムは素材のうま味を堪能できる本格的な料理がリーズナブルな価格で手づくりデザートも絶品！ 飲み放題プランや、コース料理もあるので女子会などにもおすすめ。

☎ 028-633-4764

ランチ 1,100円～

ディナーコース 4,000円～

Lunch 月・火・水・木・金・土・日

Lunch Menu

ランチセット 1,100円～1,650円
高原レタスのサラダ・ドルチェ・ドリンク付き

＊料理はパスタ・ピッツァ・肉料理など週替わり2品・月替わり3品から選べます
＊ドルチェはプラス450円or750円でグレードアップできます

シェフからひとこと

安久都正広さん

手打ちパスタはトスカーナ産の小麦粉と地元の新鮮な玉子で作っており、モチモチした食感です。トマトソースを加えたクリームソースはコクがあって後味さっぱり！

是非一度ご来店下さい。

1.「ランチセット　1,350円」の一例。高原レタスのサラダ・ドルチェ・ドリンク付き。写真は「たまごの手打ちパスタ アカザエビとクリームソースで」。

2.「ランチセット　1,650円」の肉料理の一例。写真は「和牛の赤ワイン煮込み」。

3. ドルチェは＋450円でディナーのドルチェにグレードアップできます。また＋750円で「焼きたてアップルパイ アイスクリーム添え」にも変更できます。

4. 座席数はテーブル席30。ランチタイムの会食、パーティー（要予約）にも対応してもらえます。

5. ホテルニューイタヤ南玄関前にある本格イタリアンが堪能できるお店。駐車場も完備。

6. 高い天井、漆喰の壁。ゆとりを持ったテーブル配置で、落ち着いて食事が楽しめます。

Information

- **所在地**／宇都宮市一番町3-6
- **交通**／JR宇都宮駅より徒歩10分
- **駐車場**／有(3台) 無料
- **営業時間**／ランチ11:30～14:00(L.O.13:40)
  ディナー18:00～22:00(L.O.21:30)
- **休業日**／日曜日

■**カード**　不可

■**席予約**　席のみの予約も前日まで可

■**禁煙席**　全室禁煙

提携農園の産直野菜をふんだんに使った旬を味わえる料理

Kitchen Nostalgia

Yosyoku

きっちん　のすたるじあ

清住通り沿いにあるレストラン。古い建物を改装したお店はどこか懐かしさが漂います。修行を重ねたシェフが、鹿沼産の有精卵や日光産野菜など、地元の旬の素材を使用し、本格的なイタリアンから、フレンチ、洋食まで、丁寧に調理して提供してくれます。

「お店で過ごす時間を、ただの食事の時間だけではなく特別な時間にしてほしい」との思いを込めた店内は、リラックスできる空間。まるで時間が止まっているかのような、ゆったりとしたひとときが過ごせます。畳のスペース（4人程度）もあります。

☎ 028-678-2232

ランチ 1,382円～

ディナーコース 3,240円～

Lunch 月・火・水・木・金・土・日

Lunch Menu

オリジナルフレンチカリー（数量限定）
1,382円

提携農園 お野菜たっぷりの菜園パスタ
1,382円

＊料理はその日の素材によって変わります
＊ランチタイムは前菜・ドリンク・プチデザート付き

3

2

6

5

4

シェフからひとこと

堀内義寛さん

当店のメニューのほとんどが、日光市や鹿沼市の生産者の皆様が心を込めて育んでくれた素材に支えられています。毎朝、素材と向き合い、どう活かしていただくかを考えます。四季を感じる食材をシンプルに、ご要望にお応えしながら提供しております。

1.「ノスタルジア特製 栃の卵オムライス 1,382円」。前菜・ドリンク・プチデザート付き。ナイフを入れるととろとろの卵！　写真は＋324円のデザート盛り合わせです。

2. 写真は「ソフトシェルシュリンプのアヒージョ 972円」。内容が日替わりのアヒージョは鮮魚や提携農園のフレッシュ野菜が人気の秘密です。

3. 写真は「自家製ポテトニョッキ 1,058円」。ホクホク、モチモチのニョッキはトマトソースかゴルゴンゾーラクリームソースをお好みで選べます。

4. 店内はカウンター席3・座敷席4・テーブル席22・個室はなし。

5. 外階段をのぼって店内へ。駐車場は道路の向かい側にも数台分あります。

6. 座敷席もあるので、お子様連れでも安心。

Information

- **所在地**／宇都宮市松原3-5-16 2F
- **交通**／JR宇都宮駅より関東バスで約10分、星ヶ丘中学校入口下車徒歩1分
- **駐車場**／有(12台) 無料
- **営業時間**／ランチ11:30～14:00(L.O.)　ディナー17:00～22:30(L.O.)
- **休業日**／ 木曜日 ＊営業時間・休業日は変更の場合あり

■カード　可

■席予約　席のみの予約も可(当日まで)

■禁煙席　全席禁煙

1

肩肘張らずに気軽に立ち寄れる本格フレンチレストラン

CAFÉ MAISON DE TAKASHI SALON DE THÉ

French

かふぇ　めぞん ど たかし さろん ど て

☎ 028-662-4377

ランチ 1,500円～

ディナーコース 3,500円～

Lunch 月・火・水・木・金・土・日

Lunch Menu

Aコース 1,500円
スープ・バゲット・野菜のタルト・コーヒー or 紅茶

Bコース 2,000円
前菜・スープ・グリーンサラダ・メイン・デザート・コーヒー or 紅茶

Cコース 2,700円
前菜・スープ・グリーンサラダ・メイン・デザート・コーヒー or 紅茶

リーズナブルな価格で高級フレンチが楽しめるお店です。本場フランスで修行を積んだシェフが、野菜たっぷりでヘルシーなフランス料理を提供してくれます。店内は手作り木製インテリアが配された、落ち着きのある空間。フランスを思わせる雰囲気の中で、料理を待つ時間もゆったりと過ごせます。

コースに付くスウィーツも他では味わえない本場フランス仕込みの逸品。また、ショーケースには毎日10種類ほどのケーキが並び、テイクアウトも可能です。

3 2

6

5

4

オーナーシェフからひとこと

大野貴史さん

お客様にフランス料理の素晴らしさ、フランス人のような優雅な時間の過ごし方を知って欲しいという想いで、日々真剣に料理と向き合っております。カフェ感覚で気軽にお立ち寄りください。

1.「Cコース 2,700円」。前菜・スープ・グリーンサラダ・メイン・デザート・コーヒー。写真のメイン料理は「フランス産 鴨胸肉のロースト ポワブラードソース」。

2. Cコースの前菜の一例。写真は「ズワイガニのムース包み アメリケーヌソース」。

3. デザートの一例。写真は「紅茶風味のチョコレートムースとビターチョコレートムース」。季節によって様々なケーキが並びます。

4. 座席数はテーブル席14・個室はなし。ゆったりとテーブルが配されています。

5. 記念日や誕生日などのお祝いにおすすめの素敵なレストランです。

6. カウンターごしにシェフが調理し、絶妙のタイミングで料理が運ばれてきます。

Information

- **所在地**／宇都宮市東峰町3097-1
- **交通**／JR宇都宮駅東口より国道123号線を宇大方面へ車で約15分
- **駐車場**／有(5台) 無料
- **営業時間**／11:30～21:00(L.O.) ランチ11:30～14:30(L.O.)
  ディナー18:00～21:00(L.O.)
- **休業日**／火曜日

■**カード** 不可　■**席予約** 席のみの予約も可(当日まで)　■**禁煙席** 全席禁煙

ジュージュー焼あがる音と、美味しいにおいを堪能

Yosyoku

鉄板焼ステーキ 世里花

てっぱんやきすてーき　せりか

☎ 028-636-8773

ランチ 1,500円～

ディナーコース 5,000円～

Lunch 月・火・水・木・金・土・日

Lunch Menu

Aランチ　サービスランチステーキ(ビーフ)120g 1,500円
サラダ・きざみ焼野菜・ご飯・みそ汁・コーヒー付き

Bランチ　スペシャルヒレステーキ100g 4,000円
サラダ・季節の焼野菜・ご飯・みそ汁・コーヒー付き

Cランチ　和牛ステーキ150g 9,000円
サラダ・季節の焼野菜・ご飯・みそ汁・コーヒー付き

広々と、上品な雰囲気の店内で、じっくり熟成された芳香な味わいの厳選素材を、目の前で調理してもらえるので、シェフの手さばきと共に、香りや味、音、そして舌触りまで五感で楽しめます。

ランチタイムはとってもお得なビーフステーキのサービスランチや数量限定の和牛ハンバーグステーキ、上タン厚切り牛ステーキなどもあり、ディナータイムはちょっと敷居が高いと感じていた人でも気軽に立ち寄れます。鉄板焼の醍醐味を味わってみてはいかが。

3

2

6

5

4

オーナーシェフからひとこと

廣瀬義文さん

開店以来33年、厳選した牛肉を、独自の方法でじっくり熟成させ牛肉本来の芳醇な味わいに美味しく仕上げています。お客様の前で調理、見事な包丁さばきで、見る楽しさ味わう楽しさを充分にご堪能いただけます。

1. 写真は「Bランチ スペシャルヒレステーキ100g 4,000円」。サラダ・季節の焼野菜・ご飯・みそ汁・コーヒー付き。
2. 「上タン厚切り牛ステーキ(数量限定) 2,500円」。サラダ・きざみ焼野菜・ご飯・みそ汁・コーヒー付き。
3. 目の前で料理人の手さばきを眺めながら食事ができるカウンター席や8人まで利用できる鉄板テーブル席。
4. 誕生日や各種記念日などに利用する人が多いお店です。
5. 座席数はカウンター席6・テーブル席14～16・2～8人用のVIP個室(9,800円より使用可)が1室あり。
6. プラス500円でそれぞれのご飯を「ガーリックライス」に変えることができます。

Information

- 所在地／宇都宮市中央本町1-3マルヨシビル3F
- 交通／東武宇都宮駅より徒歩10分
- 駐車場／有(ディナーのみ)
- 営業時間／ランチ11:30～14:00(L.O.13:50)　ディナー17:00～22:00(L.O.21:30)
- 休業日／日曜日(12月は不定休)

＊このお店の価格は全て税別表記です

■カード　ランチタイムは不可　■席予約　席のみの予約も可　■禁煙席　なし

1

厳選された食材に「塩」と「水」へのこだわり

Japanese

一八 ARAKAWA

いっぱち　あらかわ

二〇一四年四月に、オリオン通りの２階にあった店舗から、現在の場所に移転。和の落ち着いた空間で、本格日本料理を堪能できるお店です。

厳選された食材を使用し、大島産の「塩」と「水」にもこだわって作られる料理は、日本料理ならではのエッセンスを生かしながら、味のベースはあくまでも荒川流。三重産のカツオ節・メジマグロ節の出汁の味が堪能できるお椀がお店一番の自信作です。素材の持っている味を大切に、四季の彩りと香りが添えられた一品一品は、目も楽しませてくれます。

☎ 028-632-6101

ランチ 1,800円～

ディナーコース 5,000円～

Lunch 月・㊋・㊌・㊍・㊎・㊏・㊐

Lunch Menu

松花堂 3,000円
胡麻豆腐・お椀・松花堂弁当・お造り・御飯・デザート・コーヒー

半月弁当　1,800円

ミニ会席　3,500円

おまかせ会席　5,000円～

3

2

6

5

4

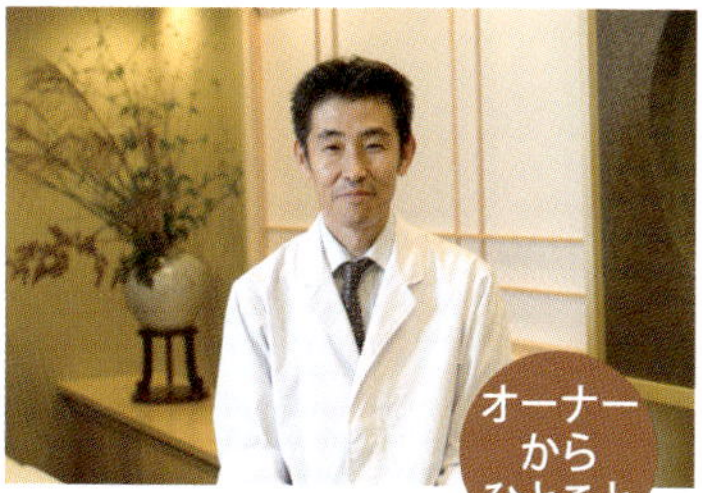

オーナーからひとこと

荒川榮一さん

全国各地から、旬の新鮮な素材を取り寄せ、調理しております。基本のだしと水と塩には特に気を遣っております。是非一度ご賞味下さい。新店舗にて、皆様のお越しをお待ちしております。

1. おまかせ会席の先付の一例。季節を感じられる美しい盛り付けです。
2. おまかせ会席の造里の一例。新鮮な素材の旨みが堪能できます。
3. 土地の季節に合った食材に、心と技を加えて作り上げる一つ一つの料理。季節の移ろいを目でも楽しめます。
4. テーブル席のみだった以前の「御りょうり荒川」。新店舗にはカウンター席もあり、男性一人でも立ち寄りやすい雰囲気に。
5. カウンター席6・テーブル席8・隣接した建物にゆったり広めの個室と大広間(最大20人)あり。
6. 旧店舗から大通り方面へ歩いて1分ほどのところにあります。

Information

- **所在地**／宇都宮市江野町3-3
- **交通**／東武宇都宮駅より徒歩3分
- **駐車場**／なし
- **営業時間**／ランチ11:30～14:00(L.O.)
  ディナー17:00～21:00(L.O.)
- **休業日**／月曜日

■**カード**　不可

■**席予約**　席のみの予約可(前日まで)

■**禁煙席**　なし

用途に合わせて少人数の個室から大広間まで

Japanese

味問屋 明日香 宇都宮店

あじどんや　あすか　うつのみやてん

☎ 028-643-1917

ランチ 1,600円～

ディナーコース 5,500円～

Lunch 月・火・水・木・金・土・日

Lunch Menu

飛鳥定食 1,600円

天婦羅定食（平日限定） 2,100円

刺身定食（平日限定） 2,300円

活水おまかせコース

楓 5,500円 / 茜 7,600円 / 葵 10,000円

店内に入ると、まず目に飛び込んでくるのが大きな生簀。それを囲むようにして2人から利用できる個室があり、お祝い事や法事などはもちろん、お友だち同士のランチにも気軽に利用できるお店です。

料理は活魚を生かした和食が中心。生簀から鮮魚を選び、余すことなく調理してくれるコースも用意されています。ランチタイムはリーズナブルな価格で贅沢な食事が堪能できるのはうれしい限り。生簀周りの部屋を利用したい場合は予約がおすすめです。

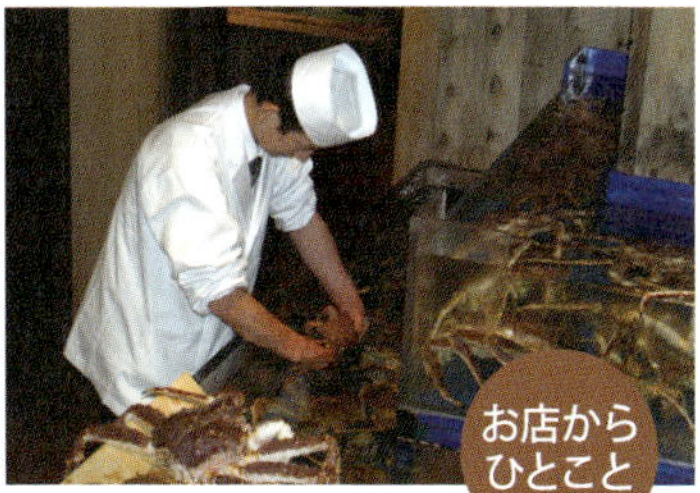

お店から
ひとこと

スタッフ一同

毎日いろいろな、お魚やお野菜をご用意しています。鮮度感のある食材とスタッフで皆様のお越しをお待ちしております。

1. 写真は「飛鳥定食　1,600円」。お造り3点盛り・季節の6種盛り・茶碗蒸し・天婦羅・御飯・味噌汁・デザート。
2. 新鮮な海の幸を生け簀から選んで、腕自慢の板前がその場で料理してくれるコースもあり。
3. 写真は平日限定の「天婦羅定食　2,100円」。天婦羅（大海老・穴子・季節の野菜）・サラダ・茶碗蒸し・香の物・御飯・味噌汁・デザート。
4. 写真は平日限定の「刺身定食　2,300円」。お造り5点盛り・巻き寿司・サラダ・茶碗蒸し・香の物・御飯・味噌汁・デザート。
5. 座席数はカウンター席24・掘りごたつ席8・いろり席6・2～10人用の個室が13室・10～36人用の個室が3室あり。
6. 閑静な佇まいの一軒家の料亭です。

Information

- 所在地／宇都宮市仲町3-12
- 交通／JR宇都宮駅西口より徒歩9分
- 駐車場／有（23台）無料
- 営業時間／ランチ11:30～15:00(L.O.14:30)
  ディナー17:00～22:00(L.O.21:30)
- 休業日／なし

■カード　可(DC JCB VISA)　■席予約　席のみの予約も可(当日まで)　■禁煙席　なし

1

French

バラエティー豊かな料理で最後まで飽きずに楽しめるコース

フランス風居酒屋食堂《ふらんすふういざかやしょくどう》 ビストロ《びすとろ》 パラディ《ぱらでぃ》

県庁に近い裏路地にある、本場の味を気軽に楽しめるビストロです。店内はカジュアルで家庭的雰囲気。壁いっぱいに、天井までヨーロピアンなディスプレイがなされ、料理を待つ時間もおしゃべりが弾みそう。

ランチタイムはリーズナブルな価格で趣向を凝らしたさまざまな本格フランス料理が提供されています。メイン料理はもちろん、オードブル盛り合わせも、それぞれにたくさんの素材が使われ、じっくりと味わうことができます。

☎ 028-625-6554

ランチ 1,080円～

ディナーコース 2,700円～

Lunch ㊊・㊋・㊌・㊍・㊎・㊏・日

Lunch Menu

MENU A 1,080円
小さなオードブル2品・メイン料理・デザート・コーヒー

MENU B 1,620円
オードブル盛り合わせ(4品)・魚料理 or 肉料理・デザート・コーヒー

MENU S 2,700円
オードブル盛り合わせ(5品)・魚料理・肉料理・デザート3品・コーヒー

オーナーシェフからひとこと

塩田さん

季節感のある料理が少しずついろいろ楽しめるようなメニューになっています。是非一度いらして下さい。お待ちしております。

1. 写真は「MENU B 1,620円」。オードブル盛り合わせ(4品)・魚料理or肉料理・デザート・コーヒー。それぞれのお皿をバランスよく彩ります。
2. 写真はMENU B・MENU Sのメイン料理、魚料理の一例です。肉料理か魚料理を選べます。
3. 写真はMENU Sのデザート(3品)の一例。彩り鮮やかで目でも楽しめます。
4. 座席数はテーブル席35・個室はなし。敷居の高さを感じさせない雰囲気づくりが魅力です。
5. 本格的なフランス料理をリーズナブルな価格で気軽に楽しめるお店です。

Information

- **所在地**／宇都宮市塙田2-3-25
- **交通**／JR宇都宮駅より県庁方面へ徒歩10分
- **駐車場**／有(5台) 無料
- **営業時間**／ランチ11:30～13:45(L.O.)
  ディナー18:00～22:00(L.O.21:30)
- **休業日**／日曜日・祝日

■カード　不可	■席予約　席のみ予約も当日まで可能	■禁煙席　全席禁煙

1

産地直送の魚介類と旬な野菜にこだわった料理

Japanese

日本料理《にほんりょうり》 月乃兎《つきのうさぎ》 本店《ほんてん》

☎ 028-636-1103

ランチ 1,250円〜

ディナーコース 4,000円〜

Lunch 月・火・水・木・金・土・日

Lunch Menu

光御膳（全12品） 1,250円
日替わりの焼物や煮物・デザート・珈琲付き

風御膳 1,750円
光御膳にお造りまたはかき揚げをプラス

月御膳 2,250円
光御膳にお造りとかき揚げ付き

田舎膳（限定10食） 1,500円
釜炊きの五穀米・野菜たっぷり具沢山味噌汁付き

二〇一四年春に、市役所近くのビルから東図書館近くのマンションの一階に移転した「月乃兎」。店内はシーンによってさまざまに利用できる個室をはじめ、気軽に立ち寄れるカウンター席、テーブル席も用意され、親しみやすい雰囲気に。

ランチタイムは品数豊富でリーズナブルなメニューを提供してくれます。日替わりの焼物や煮物などに、デザート・珈琲付きの「光御膳」をベースに、お造りやかき揚げなどをお好みでプラスして楽しめます。季節毎の限定メニューもお楽しみ。

渡辺さん

小さなお子様連れでも安心の個室で、ゆったりとお食事をお楽しみ下さい。昼時は混雑しますので、事前の予約をおすすめ致します。

1. 写真は1日限定10食の「田舎膳 1,500円」。日替わりの焼物や煮物に釜炊きの五穀米と野菜たっぷり具沢山味噌汁、デザート・珈琲付きが付いたヘルシーメニューです。
2. 「田舎膳 1,500円」に付く釜炊きの五穀米と野菜たっぷり具沢山味噌汁。五穀米はたっぷりの量で男性も大満足！ プラス料金でとろろなどを追加することもできます。
3. デザートの一例。かわいらしい兎がお目見えします。
4. 座席数はカウンター席5・テーブル席8・個室が5室あり、シーンに応じて使い分けられます。
5. マンションの一階とは思えない趣のある正面入り口。
6. 用途に応じて48人までの利用が可能です。座敷は掘りごたつ風で、ゆったりとくつろげます。

Information

- 所在地／宇都宮市中今泉3-1-1 プランドール1階
- 交通／JR宇都宮駅東口より徒歩10分
- 駐車場／有(26台) 無料
- 営業時間／ランチ11:00～14:30(L.O.14:00)
  ディナー17:00～23:00(L.O.22:00)
- 休業日／日曜日

＊このお店の価格は全て税別表記です

■カード 可(DC JCB MASTER NICOS VISA)　■席予約 席のみの予約も当日まで可能　■禁煙席 あり

肩肘張らずにお箸でいただく鉄板料理

Bistrante bonheur

びすとらんて・ぼぬーる

☎ 028-624-1114

ランチ 1,300円～

ディナーコース 3,200円～

Lunch 月・火・水・木・金・土・日

Lunch Menu

プレートランチ 1,300円
自家製パン・スープ・前菜４種・
メイン料理(スパイシーカレー or 本日のパスタ)・
デザート・コーヒー or 紅茶

Cランチ 3,300円
自家製パン・スープ・オードブル盛合わせ・
特選和牛ロースステーキ・雑穀米 or 焼おにぎり・
デザート・コーヒー or 紅茶

二〇一三年九月にてっぱんびすとろ天野が「ビストランテ・ボヌール」としてリニューアルオープン。「仏」と「和」が融合された贅沢な料理をリーズナブルな価格で提供してくれます。カウンターでは、目の前で調理するシェフの手さばきを眺めながら、五感で料理を味わうことができます。

２階は予約制の個室。大人数でのパーティーはもちろん、２人で利用できる個室もあり、大切な人と時間を素敵に演出してくれます。

3

2

6

5

4

1.「Bランチ 1,500円」。自家製パン・スープ・オードブル盛合わせ・本日の魚料理or自家製ハンバーグ・雑穀米or焼おにぎり・デザート・コーヒーor紅茶。写真のメイン料理は魚料理。

2. 写真はBランチで選べる「自家製ハンバーグ」。

3. ランチのデザートの一例。写真は「紅茶とオレンジのケーキとオレンジのアイス」。

4. 2階の個室。最大24人までの部屋があります。

5. 大谷石造りのアンティークな空間。落ち着いた雰囲気のお店です。

6. 座席数はカウンター席6・テーブル席36・個室(2～24人)3室あり。

シェフからひとこと

福田俊明さん

厳選された肉、新鮮な魚介類、野菜など、旬の食材を取り揃えてやさしい味付けで調理しています。お客様のシーンに合わせてお使い下さい。

Information

- **所在地**／宇都宮市戸祭元町11-11
- **交通**／東武宇都宮駅より車で約10分
- **駐車場**／有(10台) 無料
- **営業時間**／ランチ11:30～14:00(L.O.)　ディナー18:00～22:00(L.O.)
- **休業日**／日曜日

■**カード**　ランチタイムは不可

■**席予約**　席のみの予約も可(当日まで)

■**禁煙席**　全席禁煙

1

Japanese

石の蔵《いしのくら》

旬の味覚を趣向を凝らしたお皿にのせて楽しむ

築60年ほどの大谷石の蔵を改装し、そのまま生かした創作和食料理のお店です。梁まで6メートル近くある蔵の壁は、大谷石がどっしりと積み重ねられ、店内は、巨大な和紙の光柱をはじめ、モダンでありながらどこか懐かしい心地よさを感じさせてくれます。

野菜だけでなく、肉や味噌なども地元産の食材を吟味。一品一品には、料理長の「遊び心」が織り込まれており、季節を感じながらおいしい料理を選りすぐりの美酒で堪能できます。カフェタイムには創作的なデザートもあります。

☎ 028-622-5488

ランチ 1,600円～

ディナーコース 3,800円～

Lunch 月・火・水・木・金・土・日

Lunch Menu

ランチビュッフェコース 1,600円

吉祥(きっしょう) 3,800円

小舞(こまい) 5,800円

※ビュッフェコースは主皿を8種類から選んで、一部ビュッフェ形式を取り入れたコース

※吉祥・小舞コースの場合は個室の利用も可能

3

2

6

5

4

シェフからひとこと

熊谷稔さん

ランチビュッフェコースでは、前菜・甘味をビュッフェスタイルでお好きなだけお召し上がりいただけます。地場の食材をふんだんに使用し、真心を込めた手作りのお料理をご用意してお待ちしております。

1. 写真は「ランチビュッフェコース 1,600円」の主皿の一例。8種類から選んで、前菜・デザートはビュッフェ形式で楽しめます。
2. ランチビュッフェコース（1,600円）の「前菜・甘味のビュッフェ」一例です。
3. デザート盛り合わせ。写真はランチコース（吉祥・小舞）に付くデザートの一例です。
4. 座席数はテラス席8・カウンター席30・テーブル席46・4～10人用の個室が4室あり。
5. 2階にもゆったり寛げるテーブル席があります。
6. 蔵の面影をそのまま残した、素敵な雰囲気が漂うお店です。

Information

●**所在地**／宇都宮市東塙田2-8-8
●**交通**／JR宇都宮駅から車で約5分、田川沿いの遊歩道を歩いて約15分
●**駐車場**／有（58台）無料
●**営業時間**／ランチ11：30～14：30（L.O.14：00）
ディナー17：30～22：30（L.O.22：00）
●**休業日**／不定休

■**カード**　可（JCB AMEX MASTER VISA DINERS）　■**席予約**　席のみの予約可（電話で当日まで）　■**禁煙席**　ランチタイムは全席禁煙

四季の彩りに贅を尽くし「和」の創作を加えた品々

Japanese

創作和料理 みつわ

そうさくわりょうり　みつわ

☎ 028-632-0707

ランチ 3,500円〜

ディナーコース 7,000円〜（個室は10,000円〜）

Lunch 月・火・水・木・金・土・日

Lunch Menu

桔梗 3,500円

山吹 5,000円

茜 8,000円

昼のおまかせ 10,000円

二〇一二年一一月に一条からもみじ通りに移転。「京野菜」や「とちぎ和牛」など、全国各地からの厳選された旬の食材を使用。素材が持っているうま味を十分に引き出した料理を提供してくれます。厳選された季節の素材を贅沢に使用しているので、料理で季節感を堪能できます。

ランチタイムはリーズナブルなメニューが提供されているので、気軽に立ち寄れるのが魅力。極上の海の幸を味わいたい時にはおすすめの創作和食のお店です。テイクアウト用のメニューも用意されています。

3

2

6

5

4

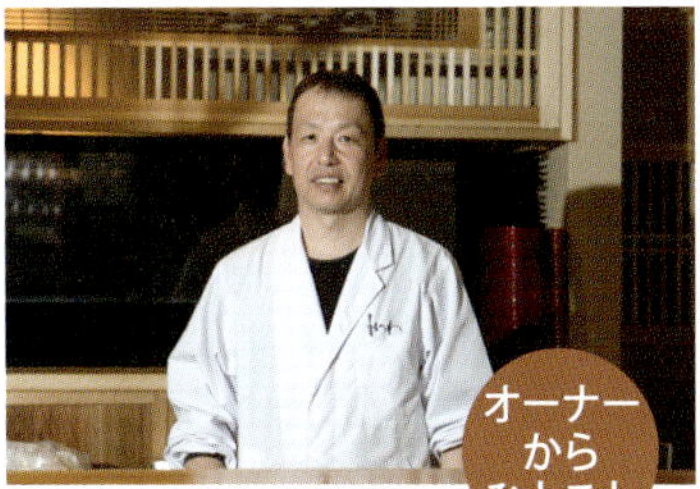

オーナーからひとこと

植木和洋さん

季節の素材を吟味し、器を選び、盛り付けに心をつくす。お客様の目と舌で喜びを味わっていただける料理をと精進を重ねています。移ろいゆく美しい季節の彩りを、ひと椀ひと鉢に丹精込めてお届けします。

1. 写真は「桔梗　3,500円」。旬の日本近海天然の魚が味わえるメニュー。
2. テイクアウトメニューの一例。写真は「おもてなし弁当 3,000円」。贅沢な季節の折箱です。3,000円・5,000円・10,000円(一人前)あり。
3. 全国ブランドとして名高い「丹波松茸」や「とちぎ和牛」が堪能できるメニューもあります。
4. 座席数はカウンター席5・テーブル席12・10人までの個室が3室あり。
5. どっしりと重厚感のある店構え。
6. カウンター席。目の前で調理して様子を楽しみながら食事ができます。

Information

- **所在地**／宇都宮市西2-6-13
- **交通**／東武宇都宮駅より徒歩5分
- **駐車場**／有(10台) 無料
- **営業時間**／ランチ(月～土) 11:30 ～ 13:30(L.O.)
  ディナー 17:30 ～ 23:00(L.O.22:00)
- **休業日**／ 日曜日・祝日

*このお店の価格は全て税別表記です。

■**カード**　可(DC JCB MASTER NICOS UC VISA)　■**席予約**　席のみの予約当日まで可　■**禁煙席**　フロアは全席禁煙

1

その日最高の食材を最高の腕前で料理してくれる

Ristorante《りすとらんて》 Zucchero《ずっけろ》

二荒山神社の近くにあるイタリアンレストランです。ランチタイムは、少しずつ多くの品数が食べられるような、女性に嬉しいメニューが提供されています。

オーナーが、「ソムリエール」「コーヒー&ティーアドバイザー」「マナープロトコール」などの資格を持っているため、店内に入ってから帰るまで、あらゆる面で繊細な心づかいが感じられるお店。店内のワインセラーには１００種類以上のワインが管理され、ランチタイムも料理に合わせて楽しめます。

☎ 028-623-1855

ランチ 1,800円〜

ディナーコース 3,800円〜

Lunch 月・火・水・木・金・土・日

Lunch Menu

パスタランチコース 1,800円

ズッケロランチコース 2,100円

お昼のフルコース 3,200円

予約限定 おまかせランチコース 2,500円

＊前日までの予約が必要です

3

2

5

4

店長から
ひとこと

佐藤見和子さん

中心街からほんの少し歩いた所、赤いカーテンが目印です。入口は白い岩壁とシャンデリア。プライベート空間を保ちながら、ゆっくりお食事が出来ます。是非お越し下さい。お待ちしております。

1.「お昼のフルコース 3,200円」。前菜盛り合わせ・パスタ・メイン料理・付け合わせ・パン・選べるドルチェ盛り合わせ・飲み物。プラス料金で選べるメイン料理もあります。

2. その日に入荷した新鮮なオマール海老など、高級食材を使用した料理も！　＊要予約

3. デザートの一例。写真はお昼のフルコースについている「選べるドルチェ盛り合わせ」の一例です。

4. 座席数はカウンター席8・テーブル席28・個室はなし。店内は赤を貴重としたカジュアルな雰囲気。大切な人との大切な時間を素敵に演出してくれます。

5. 誕生日や記念日など、シーンに合わせてさまざまに利用できます。気軽にご相談を。

Information

- 所在地／宇都宮市中央本町 3-8 三共ビル1F
- 交通／東武宇都宮駅より徒歩10分
- 駐車場／なし
- 営業時間／ランチ11:30～14:00　ディナー18:00～22:00
- 休業日／日曜日

＊このお店の価格は全て税別表記です

■カード　可（DC JCB MASTER NICOS VISA）

■席予約　席のみの予約も当日まで可能

■禁煙席　18席あり

1

特別な日を素敵に演出してくれる非日常的な空間

French

Le Miel《る・みえる》

フランス料理歴40年以上のシェフが作る、気軽にお箸でも食べられるように工夫された、本格的なフランス料理のお店です。魚介類の火の通し方には、特にこだわっています。店内は、開放的な窓に向かって、隣り合わせで座る2人席など、どの席からも外の風景を眺められるようにテーブルが配されたゆったり空間。

ひとつひとつの料理や店内の雰囲気にシェフの個性が感じられ、午後のひとときを贅沢な気分で過ごすことができます。誕生日や各種記念日、プロポーズなど、思い出に残る演出でお手伝いをしてくれます。

☎ 028-600-3667

ランチ 1,800円〜

ディナーコース 1,980円〜

Lunch 月・火・水・木・金・土・日

Lunch Menu

感謝のランチコース 1,800円
サラダ・スープ・メイン料理　バターライス添え・デザート・コーヒー or 本日のティー・パン

ランチ Rouge 3,670円〜
オードブル盛り合わせ・スープ・魚料理・肉料理・コーヒー or 本日のティー・パン・デザート

＊シーズンによって割引価格あり

3

2

6

5

4

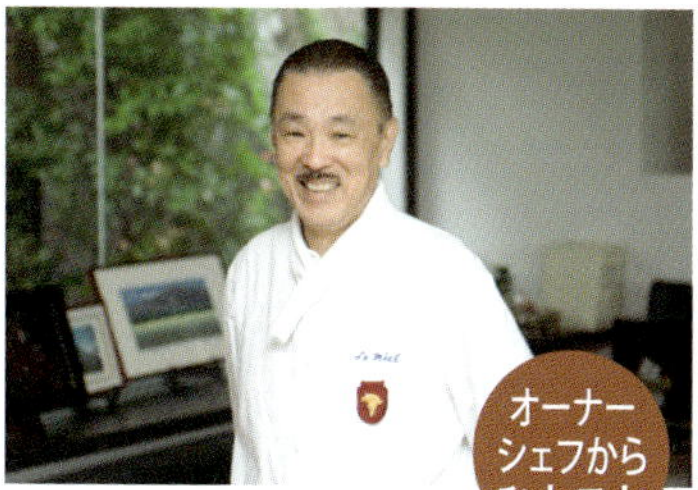

オーナーシェフからひとこと

後夷正宏さん

家庭では作れない、手間を惜しまずかけた本物の「料理」をご提供致します。定番メニューのバリエーションは多くありませんが、味を知っていただいた方には、予算に合わせてご希望のメニューをお出し致します。

1.「ランチNoir 2,160円～」。オードブル盛り合わせ・スープ・魚料理or肉料理・コーヒーor本日のティー・パン・デザート。写真はイメージです。

2. 肉料理の一例。写真は「シェフのスペシャリテガレット仕立て」。

3. 魚料理の一例。ずわいガニを平目で包み、白ワインで蒸した印象に残る逸品です。

4. 人生の1ページを彩る各種記念日やプロポーズの瞬間。花束やデコレーションケーキなど、気軽にご相談を。

5. 高台にあり、東側一面の窓から見下ろす風景とともに食事が楽しめます。

6. 座席数はテーブル席20・6人～10人用の個室が1室あり。

Information

- **所在地**／宇都宮市富士見が丘2-13-14
- **交通**／JR宇都宮駅より関東バス富士見が丘団地行きで約15分、富士見が丘入口下車徒歩2分
- **駐車場**／有(7台) 無料
- **営業時間**／ランチ12:00 ～ 14:30(L.O.13:30)
  ディナー18:00 ～ 21:00(L.O.20:00/日祝19:30)
- **休業日**／水曜日・第3木曜日

■カード　不可
■席予約　席のみ予約も当日まで可能　※12歳以下の方のご来店はご遠慮下さい。
■禁煙席　全席禁煙

1

Itarian

温かみのあるお洒落な空間で本格的な料理を

イタリア料理《いたりありょうり》 Vino Rosso《ゔぃーのろっそ》

伝馬町「菓子処うさぎや」の隣のビルの4階にある、本場イタリアの料理を気軽に楽しめるスローフードレストランです。東京やリゾートホテルで修業したシェフのパスタはイタリアの人たちにも大好評。「食と癒し」をコンセプトに、落ち着いた空間で上質な時間を提供してくれます。

ランチタイムは地元の野菜を中心に使用した、リーズナブルな価格のメニューで、数十種類のオリジナルパスタまたはピザが日替わりで3～5種類用意されています。女性に嬉しいサービスもたくさんあるお店です。

☎ 028-610-5405

ランチ 1,000円～

ディナーコース 2,500円～

Lunch 月・火・水・木・金・土・日

Lunch Menu

レディースセット（火・金のみ） **1,000円**
サラダ・パスタ2種・ドルチェ・パン・コーヒー

メンズセット（月1回のみ） **1,000円**
サラダ・メイン料理（自家製ハンバーグなど）・ドルチェ・パン・ライス・コーヒー

パスタ or ピザランチ 1,000円
サラダ・パスタ1種 or ピザ1枚・ドルチェ・パン・コーヒー

シェフからひとこと

伊藤仁さん

火・金曜日のレディースセットや水曜日の女性デザ盛りと男性大盛りサービスなど、ご好評いただいております。ビルの4階という立地のため、知らずに通りすぎてしまったり、高級で入りにくいイメージがありますが、どうぞお気軽にお立ち寄り下さい。

1.「シェフおすすめコース 1,450円」。前菜・気まぐれサラダ・パスタ・ドルチェ・コーヒー。写真のパスタは「ズワイガニとわけぎの生スパゲティウニパウダーのせ」。

2.「レディースランチ 1,000円」。火・金曜日のみのメニュー。写真はパスタ2種の一例です。

3.「デザ盛りサービスデー」のデザートの一例。毎週水曜日は女性限定でデザートが盛り合わせサービスになります。

4. 座席数はテーブル席72・20 ～ 44人用の個室が1室あり。

5. 家族連れでも気軽に立ち寄れる素敵なレストラン。裁判所向かいのビルの4階にあります。

6. 隣の席との間にブラインドがあるので、個室感覚で寛げます。

Information

- **所在地**／宇都宮市伝馬町4-4 ジェイビービル4F
- **交通**／東武宇都宮駅より大谷方面へ徒歩5分
- **駐車場**／有(40台) 無料
- **営業時間**／ランチ11:30 ～ 15:00(L.O.14:30)
  ディナー 17:30 ～ 22:00(L.O.21:00)
- **休業日**／日曜日・祝日

＊このお店の価格は全て税別表記です。

■カード 可(DC JCB MASTER NICOS UC VISA)　**■席予約** 席のみの予約も可(当日まで)　**■禁煙席** ランチタイムは全席禁煙

手間を惜しむことなく手づくりにこだわった料理

Japanese

旬彩 阿久津

しゅんさい　あくつ

☎ 028-627-7678

ランチ 1,300円～

ディナーコース 5,400円～（コース料理は要予約）

Lunch 月・火・水・木・金・土・日

Lunch Menu

旬彩膳（限定20食） 2,000円（要予約）
献立は月替わり

海鮮丼 1,500円

小会席 3,800円（要予約）

昼会席 5,400円（要予約）

（メニューは+350円でデザート・コーヒー付）

済生会宇都宮病院のすぐそばにある、ゆったりと落ち着いた雰囲気の中で食事が楽しめるお店です。10人ほど入れる「特別室」は、入口も別な完全個室となっていて、極上のひと時が過ごせます。

会席、ふぐ、しゃぶしゃぶなどコース料理が豊富。天然の魚、旬の食材、京野菜も豊富に取り入れており、盛りつけにも季節が感じられる料理を提供してくれます。ランチタイムは稲庭うどんなどのリーズナブルなメニューも用意されているのはうれしい限り。

3

2

6

5

4

オーナーからひとこと

阿久津孝幸さん

日本料理の伝統とお客様へのおもてなしの心を大切にしています。旬の素材を最大限に生かした料理を堪能していただきたい。一品料理も豊富にご用意しております。

1. 写真は「旬彩膳 2,000円(要予約)」。小鉢2品・お造り・焼物・温物・揚物・食事。メニューは月替わり。前日までに予約が必要です。
2. 小会席(3,800円～)の先附の一例。予算に応じて用意してもらえます(要予約)。
3. 写真は「デザートセット　350円」の一例。一口コーヒー付き。
4. 店内は大谷石や天然木など、天然の材質をふんだんに使用した上品な空間。
5. 店内の座席数はカウンター席4・テーブル席20・2～16人用の個室が4室あり。
6. 掘りごたつの和室。接待などに利用できる、琉球畳や輪島塗のテーブルが設置された特別室などもあります。

Information

- **所在地**／宇都宮市竹林町978-6
- **交通**／宇都宮済生会病院より徒歩7分
- **駐車場**／有(9台) 無料
- **営業時間**／ランチ11:30～14:00(L.O.13:30)
  ディナー18:00～22:00(L.O.21:00)
- **休業日**／日曜日・祝日(慶事・法事の予約営業可)

■**カード**　ランチタイムは不可　■**席予約**　席のみの予約も可　■**禁煙席**　ランチタイムは全席禁煙

1

スタイリッシュな空間でおしゃれにお得なランチ

Chinese

チャイニーズレストラン あん

ちゃいにーずれすとらん　あん

二〇一二年六月にオープンしたモダンでスタイリッシュな雰囲気の中華料理店。オーナーさんの実家、那須烏山市の「久郷農園」で採れた新鮮で安全な野菜と旨みたっぷりのコシヒカリを使用し、健康や美容にもGOODな本格中華料理を提供してくれます。

店内は中国のインテリアや小物がディスプレイされ、中国弦楽器の音楽が流れる落ち着いた癒しの空間。紅茶は台湾、珈琲は中国雲南省より取り寄せたもので、本場の味が楽しめます。

☎ 028-678-9388

ランチ　1,080円〜

ディナーコース　2,600円〜

Lunch 月・火・水・木・金・土・日

Lunch Menu

飲茶ランチコース　1,500円

スペシャルランチ　1,380円

おすすめランチ　1,080円

麺ランチセット　1,080円〜

3

2

6

5

4

オーナーシェフからひとこと

久郷一実さん

自慢の点心は丁寧に手づくりしております。多彩な料理が楽しめる、ボリューム満点のランチメニューをご用意しております。是非一度お召し上がり下さい。

1. 写真は「飲茶ランチコース 1,500円」。点心7種・エビチリ・エビマヨ・バンバンチー・麺・飯・デザート3種・ドリンク。
2. 写真は「スペシャルランチ 1,380円」。選べるメイン・前菜・点心2種・おかゆ・デザート3種・ドリンク。
3. 「麺ランチセット 1,080円～」。麺メニュー2種類から選んでサラダ・点心・デザート・ドリンク付き。写真は「白ゴマ担々麺」。
4. 座席数はカウンター席4・テーブル席25・4～8人の個室が2室あり。
5. 宇都宮の中国料理の人気店はこの場所から…といわれる下戸祭のマンションの1階にあります。
6. 落ち着いた色調の上品な空間。お子様連れでも快く対応してくれます。

Information

- 所在地／宇都宮市下戸祭2-9-1高木コーポ1階
- 交通／東武宇都宮駅より車で約5分
- 駐車場／有(16台) 無料
- 営業時間／ランチ11:30～15:00(L.O.14:00)
  ディナー18:00～22:00(L.O.21:00)
- 休業日／火曜日

■カード　可(DC JCB MASTER NICOS UC VISA)　■席予約　席のみの予約も可(当日まで)　■禁煙席　ランチタイムは全席禁煙

1

開店36年の歴史を持つ正統派のフレンチを楽しむ

French

フランス料理 グルメ

ふらんすりょうり　ぐるめ

☎ 028-625-4203

ランチ 3,800円～

ディナーコース 7,000円～

Lunch 月・火・水・木・金・土・日

Lunch Menu

シェフおすすめコース 3,800円

アミューズグール・本日のオードブル・スープ・肉料理 or 魚料理・デザート・コーヒー or 紅茶

お昼のフルコース 7,000円

アミューズグール・オードブル・スープ・お魚料理・お口直し・お肉料理・デザート・コーヒー or 紅茶

戸祭台の閑静な住宅街にあるフレンチレストランです。アットホームな雰囲気の中で、厳選された食材を使った本格的なフランス料理のコースが堪能でき、小さな子どもたちにも「本当の味」がわかってもらえるようにと、お子様連れも大歓迎。安心して楽しむことができます。

コースのデザートはワゴンサービス。十数種類並ぶ自家製スイーツの中から、好きなだけお皿に盛りつけてもらうことができ、目でも楽しむことができます。

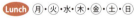

3

2

6

5

4

シェフ
から
ひとこと

池田明雄さん

味覚は子どものうちに決まります。今の子どもの食は乱れている。次世代の子どもの将来を考えると、今、食育をしていくべきだと思います。当店ではお子さんにも喜んでいただけるよう、メニューをお組みしております。

1.「シェフおすすめコース 3,800円」アミューズグール・本日のオードブル・スープ・肉料理or魚料理・デザート・コーヒーor紅茶。写真は肉料理「栃木産もち豚のフィレ肉とロース肉」。

2.コースの魚料理の一例。写真は「カサゴのソテー サフランのソース」。

3.デザートワゴン。好きなものを好きなだけ選んで一皿に盛り付けていただけます。

4.座席数はテーブル席32・2階には2～12人用の個室が1室あり。

5.一軒家を改築してレストランとしてオープン。駐車場も広々としています。

6.贅沢な空間で本場フランスで食べ歩きをしながら学び続けるシェフとスタッフの料理を堪能。

Information

- **所在地**／宇都宮市戸祭台49-5
- **交通**／JR宇都宮駅よりみやバス戸祭台循環で約20分、
  戸祭3号停留所下車徒歩1分
- **駐車場**／有（10台）無料
- **営業時間**／ランチ12:00～14:00（L.O.）　ディナー17:30～20:30（L.O.）
- **休業日**／水曜日（祝日は営業）

■**カード**　可（DC JCB MASTER NICOS UC VISA）

■**席予約**　席のみの予約可（当日まで）

■**禁煙席**　個室以外全席禁煙

1

Itarian

前菜からデザートまで満喫できるカジュアルイタリアン

ミラノ食堂《みらのしょくどう》 下栗店《しもぐりてん》

地産地消にこだわって、地元の野菜をふんだんに使ったパスタをはじめ、リゾットや焼き立てのピッツァなど、カジュアルなイタリアンを存分に味わえます。二〇一四年春に戸祭店と下栗店の営業を統合して、戸祭店のメニューはこちらのディナーで提供されています。

ランチタイムのバイキングでは季節の野菜がたっぷりとれる前菜やピッツァが食べ放題で楽しめるのはうれしい限り。出来立てが次々に並びます。メイン料理も豊富なメニューから選べるので何度でも通いたくなるお店です。

☎ 028-634-6151

ランチ 1,580円～

ディナーコース 1,800円～

Lunch 月・火・水・木・金・土・日

Lunch Menu

ランチ 1,580円
約20種類のパスタやリゾットから料理を選んでアンティパスト（前菜）・ピッツァの食べ放題・おまかせドルチェ・ドリンク付き

セコンドシェフからひとこと

吉原右記さん

オープンキッチンが自慢の開放的な空間で、おいしいイタリアンはいかがですか？お客様に満足していただけるようなサービスを私たちスタッフ一人一人が心がけています。

1.「ランチ　1,580円」の選べる料理の一例。写真は「名物ミラノ食堂リゾット」と「ぜいたくペスカトーレ」。

2.ランチタイムは焼き立てのピッツァが食べ放題。写真は「ナポリ名物モッツアレラとトマトのピッツァ」。

3.おまかせドルチェの一例。写真はイタリアンの定番「ティラミス」。

4.座席数はテラス席6・テーブル席56・個室はなし。落ち着いた空間でゆったりランチ。

5.東武宇都宮駅の近くの「ミラノ食堂 ピッツェリア・デリ」では、ミラノ食堂のお惣菜やピッツァ、ケーキを販売しています。

6.店内はオープンキッチンが自慢の開放的な空間。

Information

- 所在地／宇都宮市下栗町2917-11
- 交通／JR宇都宮駅東口より車で約10分
- 駐車場／有(30台) 無料
- 営業時間／ランチ11:30 ～ 14:30(土日祝～ 15:00)
  ディナー 18:00 ～ 20:00(土17:30 ～ 21:30・日祝17:30 ～ 21:00)
- 休業日／なし

■カード　可(DC JCB MASTER NICOS UC VISA)

■席予約　席のみの予約も可(当日まで)

■禁煙席　全席禁煙

Japanese

和と洋が織りなす「隠れ家」的モダンな空間

京遊膳《きょうゆうぜん》 かが田《かがた》

自宅を改築した、赤レンガ造りの和風レストランです。店内は、店主さんが厳選した松本民芸家具で統一し、贅沢な空間を作り出しています。部屋ごとに仕切られている個室は、益子焼や額など著名人の作品などによって演出されています。

新鮮な山の幸、海の幸を吟味し、店主さんが京で学んだ技を生かして提供してくれる料理の数々。京都仕込みのやさしい味を、季節の器にのせて上品にいただきます。ひとつひとつの器も店主さんがこだわりをもって選んでおり、自慢のひとつです。

☎ 028-621-5182

ランチ 3,000円～

ディナーコース 8,000円～

Lunch 月・㊋・㊌・㊍・㊎・㊏・㊐

Lunch Menu

ミニ遊膳 3,000円
先付け・お造り・焼物・焚合せ、ご飯・香の物・汁・デザート・コーヒー

昼遊膳 5,000円
先付け・お椀・お造り・焼物・温物・焚合せ・ご飯・香の物・汁・デザート・コーヒー

しゃぶしゃぶ(とちぎ和牛) 8,000円～

3

2

6

5

4

店主から
ひとこと

加賀田修一さん

「御馳走」の本来の意味は、お客様をもてなすために走り回って材料を集めることをいいます。私ども「かが田」でも、常に新鮮な山の幸・海の幸を吟味し、京で学んだ技と心を生かして皆様に御馳走いたします。

1.「昼遊膳 5,000円」。先付け・お椀・お造り・焼物・温物・焚合せ・ご飯・香の物・汁・デザート・コーヒー。

2. 昼遊膳の焚合せの一例。季節によって旬を生かしたさまざまな料理が楽しめます。

3. 昼遊膳のデザートの一例。食事の後のおしゃべりもはずみそうなデザートです。

4. 座席数はカウンター席5・2～14人用の個室が3室あり。

5. 赤レンガの和モダンな佇まいが、おしゃれで目を引きます。

6. 自宅を改造しているので、洋室と和室があり、シーンに応じて利用できます。

Information

- **所在地**／宇都宮市上戸祭63-1
- **交通**／東北自動車道路宇都宮ICより車で約10分
- **駐車場**／有(9台) 無料
- **営業時間**／ランチ12:00～15:00(L.O.13:30)
  ディナー17:00～21:00(L.O.19:30)
- **休業日**／月曜日

■カード 不可	■席予約 席のみの予約は不可	■禁煙席 全席禁煙(相談応)

French

馬車道《ばしゃみち》

静かな雰囲気の中で長年の経験があればこそのシェフの料理を堪能

環状線北道路から細い道を進むと、ひっそりと佇んでいる隠れ家のようなフレンチレストラン。開店から40数年、この地に移転して20年以上の老舗です。フランス料理の基本を大切にした上で、独創性と遊び心を取り入れたシェフの料理は、繊細でやさしい味わい。上質な素材をより引き立たせる「技」が感じられます。

フィナンシェやメレンゲなどの焼菓子や数量限定の自家製フランスパンがテイクアウト用に用意されているので、手土産などにもおすすめです。

☎ 028-625-4176

ランチ 1,660円〜

Lunch 月・火・水・木・金・土・日

Lunch Menu

ランチシェフの勝手口（1日限定10食）
1,660円〜（要予約）
オードブル・本日の料理・デザート・カフェ

※プラス料金で本日の料理をグレードアップできます

3

2

6

5

4

シェフからひとこと

落合隆一さん

当たり前のことを当たり前にやってきたら40年になってしまいました。とにかくお客様に恵まれ過ぎています。感謝を込めた私の感性を味わって下さい。今日が一番若い日、だから頑張ります。

1.「ランチシェフの勝手口（1日限定10食）1,660円～」写真はイメージです。

2. プラス料金の本日の料理の一例。写真は「牛ヒレ肉とフォアグラのポアレ」。

3. シェフおすすめのワインもどうぞ。左からマルサネ・ロゼ、トーヌルフィーユ（赤）・サンセール（白）。

4. 座席数はテラス席5・テーブル席18・個室はなし。

5.「焼き菓子各種 168円～」・「箱詰め各種 1,780円」。プレゼントや手土産におすすめです。

6. モダンな雰囲気の建物が目を引きます。ゆったりとした昼下がりのひとときが過ごせます。

Information

- **所在地**／宇都宮市上戸祭町3003-7
- **交通**／東武宇都宮駅より日光街道を宇都宮環状線方面へ車で約15分
- **駐車場**／有（15台）無料
- **営業時間**／11:00～15:00　ランチ11:30～15:00（L.O.14:00）
- **休業日**／水曜日

■**カード**　不可

■**席予約**　なし

■**禁煙席**　店内は全席禁煙

1

さまざまなスタイルに対応してくれるオリジナル広東料理のお店

Chinese

Dairin

だいりん

「行列のできるお店」として各種メディアで取り上げられたこともある、宇都宮北道路側にある中国料理のお店です。2階にはお座敷や個室も完備されているので、小さなお子様連れでも安心して出かけられます。

店内は明るく開放感溢れる空間。アジアン家具でコーディネートされ、やさしい照明で落ち着けます。平日限定20食の点心プレートランチは、開店前の10時より受け付け開始の人気メニュー。リーズナブルな価格で多彩な料理が楽しめる、ボリューム満点のメニューです。

☎ 028-621-6061

ランチ 900円～

ディナーコース 1,980円～

Lunch 月・火・水・木・金・土・日

Lunch Menu

華 1,300円
本日前菜プレート・お好きな中華料理1品・ライス or 中華ガユ・杏仁豆腐&特製胡麻団子

オーダー中華食べ放題(制限時間90分)
2,800円/小学生・65歳以上1,600円
＊全てのメニューにドリンクバー付き

3

2

6

5

4

スタッフからひとこと

厨房スタッフの皆さん

常に行列のできる「平日限定20食点心プレートランチ」はボリュームたっぷりでリーズナブル。男性でもお腹いっぱいになります。是非ご来店下さい。

1. 写真は「龍 1,550円」。本日前菜プレート・本日点心・本日肉料理or魚料理・チャーハンor麺料理or中華ガユ・杏仁豆腐&特製胡麻団子。
2. 写真は平日限定20食の「点心プレートランチ900円」。サラダ・点心プレート・中華ガユ・杏仁豆腐。
3. 写真はデザートの一例。平日のランチタイムは13:00以降来店のお客様にデザート盛り合わせサービス!
4. 2階にはお座敷個室が4室あり、少人数から40人ほどの宴会まで対応してもらえます。
5. 気軽なランチから、家族のお祝いごとまでさまざまなシーンで利用できます。
6. 1階はテーブル席が40。アジアンテイストの落ち着いた空間です。

Information

- 所在地/宇都宮市上戸祭町3052-4
- 交通/東武宇都宮駅より車で約15分
- 駐車場/有(20台)無料
- 営業時間/ランチ11:30 ~ 14:30　ディナー17:00 ~ 22:00(L.O.21:00)
- 休業日/火曜日

■カード　可(DC JCB MASTER NICOS UC VISA)　■席予約　席のみの予約可(当日まで)　■禁煙席　ランチタイムは全席禁煙

French

環坂《かんさか》

カウンター8席のみの完全予約制で一人一人におもてなしを

静かな田園風景の中にある、古風な一軒家のレストランです。店内は広々としたカウンターが8席のみという贅沢な空間。カウンター正面の大きな窓は、ありのままの自然を映し出し、自然を眺めながら上品な時間を過ごせます。

料理はフレンチをベースにした季節の香り漂う西洋料理。席ごとに違う器に彩り鮮やかに盛り付けられるとことにも、シェフのこだわりが感じられます。食後はテラスでコーヒーを飲みながら、ゆっくりと語らいのひと時を。

☎ 028-600-1819

ランチ 3,600円〜

ディナーコース 8,240円〜

Lunch 月・火・㊌・㊍・㊎・㊏・㊐

Lunch Menu

水〜金曜日
ランチコース(要予約) 3,600円

土日、祝日
スーペリアランチ(要予約) 5,650円

＊価格は全て税・サービス料込

3

2

6

5

4

シェフからひとこと

坂寄誠亮さん

オーガニック野菜、福井・越前港より天然魚、高原を走り回った健康な土佐赤毛和牛など、安全と健康に配慮した食材を用いて料理を創らせていただいております。是非ご来店下さい。

1.「本日のお昼のフルコース 3,600円（税サ込）」小前菜・大皿前菜とサラダ盛り合わせ・魚料理・肉料理・ご飯・デザート

2. 肉料理の一例。写真は「黒豚バークシャー（埼玉産）の柔らか煮」。

3. デザートの一例。極上の季節の果物を使った氷菓が味わえます。

4. 座席数はテーブル席 8・テラス席（お茶席）8・個室はなし。

5. 市街地から少し離れたところにある、小さな庭園のような雰囲気が楽しめる素敵なレストランです。

6. 食後はテラスでコーヒーを飲みながら寛げます。

Information

- **所在地**／宇都宮市長岡町 160-4
- **交通**／JR 宇都宮駅より宇都宮環状線を日光方面へ車で約 20 分
- **駐車場**／有（8台）無料
- **営業時間**／ランチ水〜金 12:00 〜・13:30 〜 土日祝 12:00 〜・13:40 〜
ディナー 18:45
- **休業日**／月曜日・火曜日（祝日は営業）

■カード　不可　■席予約　席のみの予約は不可　■禁煙席　全席禁煙

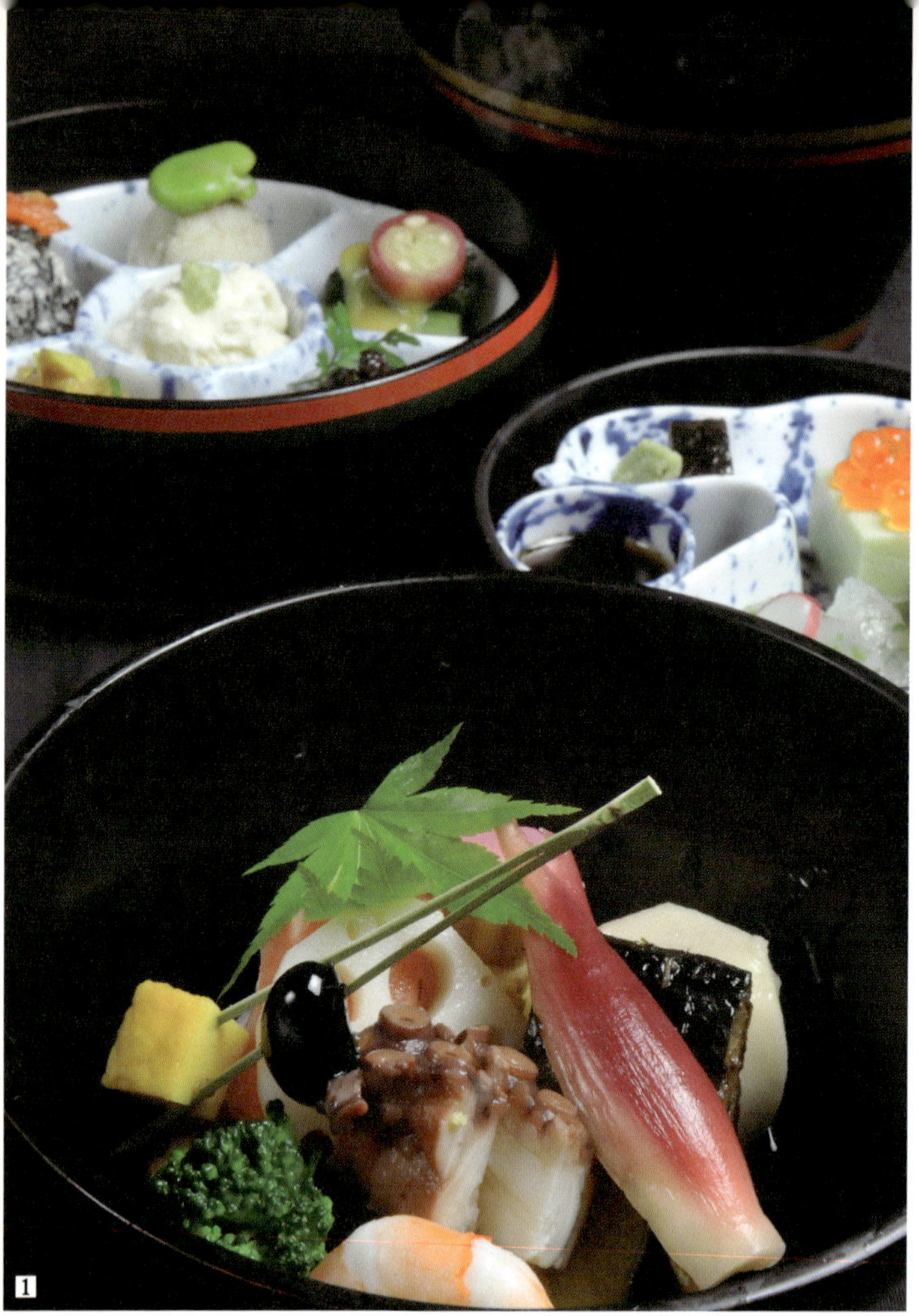

ゆったりとしたくつろぎの時間と心に残る思い出を

Japanese

月山《がっさん》

日光街道沿いにある、「豆富」と「湯波」をメインとした懐石料理のお店です。店内は広々としており、個室が16室。隅々まで手入れが行き届いています。言葉づかいや振る舞いもとても上品で、お店の品格を感じさせてくれます。

料理には１００％栃木産の大豆「タチナガハ」を使用し、「おから茶」から始まり、デザートのアイスや粒あんに至るまで、豆づくしのコースが楽しめます。栃木県産の素材をふんだんに使っているので、安心安全、体にも心にもやさしい料理です。

☎ 028-625-0039

ランチ 1,980円～

ディナーコース 4,200円～

Lunch 月・火・水・木・金・土・日

Lunch Menu

茶壷弁当

雪 1,980円
茶壷３段・豆ご飯・赤だし・デザート

月 2,650円
茶壷３段・豆ご飯・赤だし・茶碗蒸し・湯波刺し・デザート

懐石料理　4,200円・6,300円

3

2

6

5

4

お店より

私共月山は、栃木県産の豆で湯波と豆富を毎日工房で作り、体にやさしいお料理を提供させていただいております。地元のおいしい野菜、肉、活魚などのご用意もございます。是非ご来店下さい。

1. 「茶壷3段弁当(花) 3,150円」茶壷3段に盛りだくさんの料理・茶碗蒸し・湯波刺し・お刺身。
2. 写真は「湯波刺 840円」。お店おすすめの一品です。
3. 写真は「フルーツ杏仁 600円」。フルーツたっぷりの杏仁です。
4. 座席数はテラス席6・テーブル席18・2～4人用の個室が16室あり。
5. シーンに応じて少人数からさまざまな個室が用意されています。
6. 高級感溢れる佇まいなので、家族のお祝いごとはもちろん、法事・慶事にも利用できます。

Information

- **所在地**／宇都宮市上戸祭4-6-13
- **交通**／東北自動車道宇都宮ICより宇都宮方面へ車で約10分
- **駐車場**／有(50台) 無料
- **営業時間**／ 11:00 ～ 22:00(L.O.21:30)
  ランチ11:00 ～ 15:00(L.O.)
- **休業日**／ なし

■**カード**　可(MASTER VISA)　■**席予約**　席のみの予約も可(前日まで)　■**禁煙席**　分煙

1

French

自然に囲まれた癒し空間で温かみのあるフレンチを堪能

COULIS《くーり》 ROUGE《るーじゅ》

ろまんちっく村の近くにある一軒家のフランス料理店です。店内は山小屋風で、アンティークの家具や装飾品などが配され、落ち着いた居心地のよい空間。食器などにもこだわって、温かみのあるおもてなしも魅力のひとつです。

「フランス バスク地方の温かみあるおいしい料理を。」がモットー。ランチタイムは前菜・メイン料理・デザートを数種類から選べるコース料理が用意され、上質な食材を使用した本格的な料理が楽しめます。土日は6種類ほどのパンの販売もあり。

☎ 028-678-8848

ランチ 1,600円～

ディナーコース 4,150円～

Lunch 月・火・水・木・金・土・日

Lunch Menu

ランチコース 1,600円
前菜・メイン料理(10種以上からチョイス)

ランチコース 2,500円
前菜・パスタ・メイン料理(10種以上からチョイス)

シェフおまかせフルコース 4,150円

ガトーショコラ 800円

3

2

5

4

店長から
ひとこと

石川資弘さん

窓に面したカウンター席からは日光の山々、テーブル席からは自家菜園が見え、その背後には、どの季節にも美しい林が広がっています。ここでしか味わえない上質な空間があります。

1.「ランチコース 1,600円」。前菜・メイン料理。写真のメイン料理は「豚すね肉のポトフ」。デザート・飲み物は別途。

2. コースのメイン料理の一例。写真は「バスク風パエリア」。魚介のうま味がたっぷりつまった自慢の一品です。

3. デザートの一例。写真はアラカルトメニュー「ガトーショコラ 800円」。ランチでもディナーでも楽しめる一品です。

4. 座席数はカウンター席8・テーブル席18・個室はなし。カウンターもあるので、一人でもゆったりのんびり過ごせるお店です。

5. フランス・バスク地方の納屋をイメージしたアンティークなお店です。

Information

- **所在地**／宇都宮市新里町丙33-2
- **交通**／JR宇都宮駅より関東バスろまんちっく村行きで約5分
- **駐車場**／有(10台) 無料
- **営業時間**／ランチ11:00～15:00(L.O.14:00)
  ディナー18:00～21:00
- **休業日**／木曜日

■カード　不可	■席予約　席のみの予約も当日まで可能	■禁煙席　全席禁煙

1

昔ながらの「和」を大切にした佇まいと心配り

Japanese

三汁七菜《さんじゅうしちさい》 天毬《てんまり》

築50年の民家の造りを大切にし、木の温もりに包まれた空間で懐石料理が楽しめるお店です。箸を付けかねるほど美しい盛り付けで、個性のある器と選び抜かれた食材が、目を楽しませてくれます。

お昼にも、宴のコースがあり、法事・慶事のも利用できます。人気の「大麦麺」は、他では味わえない独特の風味と食感が楽しめます。お祝いの席などで利用すると、名前の入った箸入れやメッセージなどのサービスがあり、温かい心配りを感じます。

☎ 028-622-1085

ランチ 2,400円～

ディナーコース 5,000円～

Lunch 月・火・水・木・金・土・日

Lunch Menu

料理長おすすめ 2,400円
先付・お造り・お凌ぎ(香の物)・煮物・焼物・食事(天婦羅・大麦麺)・甘味・抹茶

昼・宴のコース 5,200円
箸初・口取り・椀・お造り・焼物・煮物・牛ヒレ炙り焼(焼き前八寸)・食事(大麦麺・天婦羅)・甘味・抹茶

毬ランチ 3,900円
先付・小鉢・お造り・焼物・煮物・牛ヒレ炙り焼(焼き前八寸)・食事(大麦麺・天婦羅)・甘味・抹茶

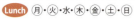

藤平一徳さん

お料理はもちろん、お客様をもてなす心を大切にしています。季節の移ろいを五感で感じられるお店です。季節のお料理とともに、その時々のしつらえをお楽しみ下さい。

1.「毬ランチ 3,900円」。先付・小鉢・お造り・焼物・煮物・牛ヒレ炙り焼(焼き前八寸)・食事(天婦羅・大麦麺)・甘味・抹茶。

2.「遊ランチコース(平日限定・数量限定) 3,000円」の寿司の一例です。

3.「遊ランチコース(平日限定・数量限定) 3,000円」のデザートの一例。写真は「プチ欲張りデザート」。

4. 座席数はテーブル席20・4 ～ 10人用の個室が2室あり。

5. きれいに手入れされた小さな日本庭園を眺めながらゆったり過ごせる個室もあり。

6. 護国通りから少し奥に入った住宅街にある料亭です。

Information

- **所在地**／宇都宮市一ノ沢町276-8
- **交通**／JR宇都宮駅より関東バス〈作新学院経由宝木団地行き〉で約20分、陽西中学校前下車徒歩1分
- **駐車場**／有(11台) 無料
- **営業時間**／ランチ11:30 ～ 14:00(L.O.)
  ディナー 17:30 ～ 22:00(料理L.O.20:30)
- **休業日**／水曜日及び第2火曜日(1・8・12月を除く)

■カード　可(DC JCB MASTER NICOS UC VISA)

■席予約　席のみの予約も可

■禁煙席　個室以外全席禁煙(36席)

1

本格派インド料理をリーズナブルな価格で堪能できる

インド料理専門店《いんどりょうりせんもんてん》

シャングリラ・モティ《しゃんぐりら・もてぃ》

インド特有の香辛料や辛味、本来の味を大切にしながらも、誰にでも受け入れられる食べやすい味になっており、日本人の持っている「インド料理の固定観念」をくつがえしてしまうお店。落ち着いた雰囲気の中で、本格派インド料理が堪能できます。

タンドール（インドの土窯）を使った焼きたてのナンは、味もボリュームも満点。インド人が窯でナンやチキンを焼いている様子も、店内から見ることができます。薬膳料理としても注目されているカレーを是非楽しんでみては。

☎ 028-643-7283

ランチ 850円(土日祝1,580円)〜

ディナーコース 2,500円〜

Lunch 月・火・水・木・金・土・日

Lunch Menu

ワンプレートランチ 850円

インドカリーランチ 1,000円

ドーサランチ 1,280円

モティランチ 1,380円

デラックスランチ 1,800円

＊平日のメニューです

3

2

6

5

4

お店からひとこと

スタッフ一同

当店では、「辛い」「癖がある」などのインド料理の固定観念を壊し、インド料理の本当のおいしさを追求しています。甘口から激辛まで、種類豊富なインドカレーとナンをご用意しております。是非ご来店下さい。

1. 写真は「モティランチ　1,380円」。本日のカリー3種・ナン・ライス・サラダ・フルーツヨーグルト・チャツネ・ピクルス・タンドリーチキン・シークカバブ・ドリンク・日替わりデザート。
2. 「タンドールチキン　1,180円」。タンドールで焼いた本場の味が楽しめます。
3. 「餡ナーン　400円」。デザート感覚で楽しめます。プラス100円でホイップクリーム付きにできます。
4. 座席数はカウンター席4・テーブル席61・個室はなし。
5. ピンク色の外観がインドの独特な雰囲気をかもし出しています。
6. インドの雑貨で装飾された、異国情緒漂う店内。

Information

- **所在地**／宇都宮市宝木町1-22-6 安納マンション1階
- **交通**／東武宇都宮駅より作新学院・駒生行きで東中丸下車すぐ
- **駐車場**／有(15台) 無料　＊店舗マンション裏に共同大駐車場あり(無料)
- **営業時間**／ランチ11:00 ～ 15:00(L.O.14:30)　ディナー 17:00 ～ 22:00(L.O.21:30)
- **休業日**／なし(臨時休業あり)

＊このお店の価格は全て税別表記です。

■カード　不可	■席予約　席のみの予約も可(前日まで)	■禁煙席　全席禁煙

1

Japanese

女将の細やかな気配りが女性客を引き付ける

こころの味 みくら《こころのあじ　みくら》

9割が女性のお客というだけあって、店内には季節の花を絶やさず、器の形だけでなく色へのこだわりなど、きめ細やかな気遣いや心配りが随所に感じられるお店です。

産地直送の天然物、本マグロなど、新鮮な素材にこだわった料理を提供。ランチメニューは「こころランチ１５００円（1日15食限定）」と「みくらランチ２２００円（1日10食限定）」の2種類。どちらも豪華でボリュームがあり、男性にもおすすめ！数量限定のメニューなので予約が安心です。

☎ 028-611-3811

ランチ 1,500円～

ディナーコース 3,500円～

Lunch 月・㊋・㊌・㊍・㊎・㊏・日

Lunch Menu

こころ 1,500円
茶碗蒸し・揚げ物・小鉢3種・煮物・焼き物・刺身・ご飯・味噌汁・漬物・デザート

みくら 2,200円
茶碗蒸し・揚げ物・小鉢3種・煮物・焼き物・刺身・陶板焼き・ご飯・味噌汁・漬物・デザート

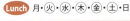

3

2

6

5

4

1. 写真は「こころ 1,500円」。茶碗蒸し・揚げ物・小鉢3種・煮物・焼き物・刺身・ご飯・味噌汁・漬物・デザート。
2. 刺身の盛り合わせの一例。写真は「こころ 1,500円」に付く刺身。内容は仕入れによって変わります。
3. 写真は「こころ1,500円」に付くデザートの一例です。手づくりのやさしい味わい。
4. 座席数はテーブル席1・2～6人用の個室が5室あり。
5. 天然本マグロをはじめ、全国各地から届く良質な素材。
6. 宮環と鹿沼街道が交差する雨情陸橋付近の住宅地にあるお店です。

オーナーからひとこと

廣川長仁さん

心を込めた料理をお客様1人1人にお出ししたいと、調理場は1人で賄っています。常にお客様に喜んでいただけるよう心掛けておりますので、どうぞよろしくお願いいたします。

Information

- **所在地**／宇都宮市鶴田3-2-11
- **交通**／JR宇都宮駅より関東バス鹿沼行きで約20分
- **駐車場**／有(7台) 無料
- **営業時間**／ランチ11:30～14:30(L.O.13:30)
  ディナー17:30～22:00(L.O.21:30)
- **休業日**／月曜日

■カード　不可	■席予約　席のみの予約も可(2日前まで)	■禁煙席　ランチタイムは全席禁煙

旬の野菜に含まれる栄養を十分に引き出してくれる

ベジタブルキッチン Santé

べじたぶるきっちん　さんて

☎ 028-648-9831

ランチ 1,490円〜

ディナーコース 2,030円〜

Lunch 月・火・水・木・金・土・日

Lunch Menu

ベジめし 1,490円
2種のオードブルの盛り合わせ・野菜のスープ・メイン野菜料理(パスタ or カレー or オムレツ)・本日の野菜デザート・コーヒー or 紅茶

＊旬の野菜を使用しているので、その日の素材によってメニューが変わります。

野菜をメインにしたヘルシーな料理を提供してくれるベジタブルレストラン。店内はカウンターとテーブル席でシンプルにまとめられています。県内の契約農家から取り寄せた旬の有機野菜を使用しているため、季節によって素材が変わるので定番メニューというものはなく、メニューは「野菜次第」。

野菜が不足しがちな現代の食生活、たくさんの野菜を摂取して、健康でいてほしいというオーナーの温かい思いが感じられるお店。野菜そのものの美味しさを存分に味わえます。

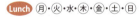

3

2

6

5

4

シェフからひとこと

飯島義光さん

「野菜をおいしく食べて、健康でキレイになる」をコンセプトに、有機野菜をふんだんに使用した洋食野菜料理をご提供致します。旬の野菜にこだわったランチの「ベジめし」でたっぷり野菜を味わって下さい。

1.「ベジめし 1,490円」2種のオードブルの盛り合わせ・野菜のスープ・メイン野菜料理・本日の野菜デザート・コーヒー or 紅茶。写真のメイン料理は「小松菜のパスタ」。不足しがちな野菜をたっぷりいただけます。

2. ベジめしのメイン野菜料理の一例。写真は卵明舎の卵を使用した「長ネギのオムレツ」。

3. 旬の野菜を使用したデザートの一例。写真は「カボチャとココナッツのアイスクリーム」。

4. 砥上通り沿いにある、外観にもやさしさが感じられる野菜料理のレストラン。

5. 窓際のカウンター席。ひとりでも気軽に立ち寄ってヘルシーランチ。

6. 座席数はカウンター席6・テーブル席16・個室はなし。ランチタイムは混み合うことが多いので予約がおすすめです。

Information

- 所在地／宇都宮市砥上町1085-2
- 交通／JR宇都宮駅より関東バス砥上営業所行きで約20分、砥上団地下車徒歩5分
- 駐車場／有(25台) 無料
- 営業時間／ランチ11:30 ～ 15:00(L.O.14:00)
  ディナー 18:00 ～ 21:30(L.O.20:30)
- 休業日／水曜日、火曜日のディナーは休み(臨時休業あり)

■カード 不可 ■席予約 席のみの予約可(当日まで) ■禁煙席 全席禁煙

1

お子様連れにもおすすめのビュッフェランチ

Yosyoku

天空ダイニング Regalo

てんくうだいにんぐ　れがーろ

☎ 028-660-5000

ランチ 1,500円～

ディナーコース 3,000円～

Lunch 月・㊋・㊌・㊍・㊎・㊏・㊐

Lunch Menu

ランチビュッフェ 1,500円

レガーロランチ 1,620円
前菜盛り合わせ・サラダ・バケット・パスタ or ピザ・ドリンク・ドルチェ盛り合わせ

ハーフコースランチ 2,052円
前菜盛り合わせ・スープ・サラダ・バケット・肉 or 魚料理・ドリンク・ドルチェ盛り合わせ

ベルモール近くのホテル最上階にあるレストラン。生産者の想いを大切に、手間ひまかけて手づくりにこだわった、繊細かつ大胆に組み合わせた、多彩な料理を提供してくれます。

ランチタイムはメイン料理を選んで、前菜やサラダはビュッフェでこだわりのメニューが堪能できます。メイン料理も種類豊富に用意されているので、何度でも通いたくなるレストランです。窓からは宇都宮の街並みや、天気のよい日は日光連山を望むことができます。

オーナーからひとこと

鈴木克利さん

レガーロとはイタリア語で「贈り物」の意。私たちの今までをお客様に感謝の気持ちと共に恩返ししたいという想いから名付けました。お客様の体調や気分を伺いながら、一人一人に合わせた料理を意識しています。小さなお子様も大歓迎です。

1. 写真は「ランチビュッフェ　1,500円」。のビュッフェの様子。メイン料理・ビュッフェ（サラダ・前菜）・デザート・ドリンク。メイン料理は15種類ほどから選べます。
2. メイン料理は季節ごとに替わります。パスタ・ピザがそれぞれ4～5種類、本格的な魚料理や肉料理も。
3. シェフ手づくりのデザート。
4. 窓からの眺めを楽しみながら、贅沢な気分で昼下がりのひとときが過ごせます。
5. JR宇都宮駅の東口から新4号方面へ。通り沿いにあるホテルの11階あります。写真はレストランの入口。
6. カウンター席5・テーブル席30・個室はなし。

Information

- **所在地**／宇都宮市陽東5-32-1 ホテルデルソル内11F
- **交通**／JR宇都宮駅東口より車で約7分
- **駐車場**／有（100台/共用）無料
- **営業時間**／ランチ11:30～15:00（L.O.14:00）　ディナー17:30～24:00（L.O.）
- **休業日**／月曜日（祝日の場合は翌日）

■**カード**　不可　■**席予約**　席のみの予約も可（当日まで）　■**禁煙席**　全席禁煙

1

アットホームな雰囲気で居心地のいい空間

Itarian

TRATTORIA da RIOBA

とらっとりあ　だ　りおば

☎ 028-643-0031

ランチ 1,400円～

ディナーコース 3,240円～

Lunch 月・㊋・㊌・㊍・㊎・㊏・㊐

Lunch Menu

ランチAコース 1,400円
前菜・今週のパスタ・パン・デザート・ドリンク

ランチBコース 1,830円
前菜・今週のスペシャルパスタ・パン・デザート・ドリンク

ランチCコース 3,240円
前菜盛り合わせ・今週のパスタ・メイン・パン・デザート・ドリンク

大谷街道沿い、作新学院から歩いてすぐのところにある、夫婦で営むイタリアンレストラン。店内の壁一面には手描きのイタリアの風景画がディスプレイされ、温かみのある雰囲気。野菜や魚、肉全て旬の素材を使用し、四季を感じられるような料理を提供してくれます。

前菜からメイン料理まで、シェフが一品一品心を込めて作った本格的な料理を、カジュアルに楽しめるのが魅力。ワインも種類豊富で、「グラスワイン飲みくらべセット」もおすすめです。

オーナーシェフからひとこと

高橋健一さん

いつもお客様やスタッフの笑顔やお話でにぎわうアットホームなレストランを目指しております。お野菜・鮮魚・お肉など様々な食材を取り入れて「リオバの一皿」としてお客様に提供できるように心がけております。日常に、記念日に、「RIOBA」でぜひともお過ごしください。

1. 写真は「ランチCコース　3,240円」。前菜盛り合わせ・今週のパスタ・メイン・パン・デザート・ドリンク
2. 写真は「イタリア産　フレッシュポッチーニ茸のクリームソースパッケリ　1,680円(単品)」。お店自慢のパスタ料理です。
3. 写真はランチセットに＋350円で付けられる「ドルチェ盛り合わせ」。
4. 暖色系でまとめられ、温かみが感じられる店内。
5. 座席数はカウンター席4・テーブル席20・個室はなし。貸し切りパーティーなどにも利用できるお店です。
6. 記念日プランや、ホールケーキなどのサービスも行っています。

Information

- **所在地**／宇都宮市一の沢2-16-10ヴィラージュマンション
- **交通**／JR宇都宮駅より関東交通バス駒生営業所行きで約10分、
  陽西中西下車徒歩3分
- **駐車場**／有(13台) 無料
- **営業時間**／ランチ　平日11:30～14:00(L.O.) 日・祝11:30～15:00(L.O.)
  ディナー平日18:00～22:00(L.O.) 日・祝18:00～21:30(L.O.)
- **休業日**／月曜日

■**カード**　不可　■**席予約**　席のみの予約も可(当日まで)　■**禁煙席**　全席禁煙

1

田園風景の中に佇むおしゃれなレストラン

Le Poulailler

French

る　ぷらいえ

フレンドリーなフランス人シェフが腕をふるう小さなお店。目の前に広がるのどかな風景を眺めながら、本場の味をじっくりと味わえます。

お店はランチタイムのみの営業。シェフが厳選した地元の新鮮な素材を使用して、家庭では味わえない本場フランスの味を提供してくれます。家事や子育てで慌ただしい日常を送っているお母さんたちに、お子さんたちが帰ってくるまでの時間を、ゆったり贅沢に過ごしてほしいというシェフの思いが伝わってくるような、温かいおもてなしもこのお店の魅力です。

☎ 080-4348-0035

ランチ　1700円～

Lunch　㊊・㊋・水・㊍・㊎・㊏・日

Lunch Menu

ランチセット　1,700円
メイン料理・パン・デザート・コーヒー

＊メイン料理はその日の黒板メニューから選べます

ケーキセット　800円

3

2

6

5

4

オーナーシェフからひとこと

ブノワさん

「ル プライエ」とはフランス語で「鳥小屋」の意味です。その店名をもじって考えたオリジナル料理「とりゴーヤ」が自慢の逸品。外食したら、家では作れない料理を楽しんでもらいたいので、本場の味をオリジナリティ溢れる料理にアレンジしています。気軽にご来店下さい。

1.「ランチセット 1,700円」。写真のメイン料理は「ジャマイカ風ぶたのフィレ」。

2. 写真はメイン料理の一例「ホタテとアイゴブリド」。プロヴァンス風のにんにくのスープにとろみをつけました。

3.「デザートセット 800円」の一例。写真は「タルトタタン」。ずっしりボリュームのある一品です。

4. 座席数はテーブル席18・2人で利用できる個室が1室あり。店内は古道具あらいの販売品で装飾されています。

5.「古道具あらい」と雑貨屋「ATELIER n° 18 TRAVAIL」を併設しています。

6. 2人でゆっくり語り合いながら食事ができる調理場隣接の個室。

Information

- **所在地**／宇都宮市岩曽町898-2
- **交通**／JR宇都宮駅より車で約15分
- **駐車場**／有(6台) 無料
- **営業時間**／12:00 ～ 16:30(L.O.15:30)
- **休業日**／水曜日・日曜日

■カード 不可	■席予約 席のみの予約も可(当日まで)	■禁煙席 店内は全席禁煙

オーナーの遊び心を料理とともに食卓へ

Itarian

IL Ristorantino

いるりすとらんてぃーの

「イタリアの小さなレストラン」をイメージしたかわいらしいお店。店内は温かみのある色調でまとめられており、アットホームな雰囲気の中でゆったり過ごせます。店内の小さなワインセラーから、ソムリエールがおいしいワインを選んでくれるので、ランチタイムに楽しんでみるのもGOOD。

本場イタリアのミシュラン星付きレストランなどで3年半修行したというシェフが、下ごしらえからすべての作業を一人でこなしています。アルデンテで歯ごたえのよいパスタのやさしい味付けには、シェフの人柄を感じます。

☎ 028-632-9077

ランチ 1,380円〜

ディナーコース 2,500円〜

Lunch ㊊・㊋・水・㊍・㊎・㊏・㊐

Lunch Menu

Aランチ 1,380円
サラダ風前菜盛り合わせ・
パスタ(トマト・塩・クリーム味から選ぶ)・
デザート・コーヒー or 紅茶

Bランチ 1,980円
サラダ風前菜盛り合わせ・
パスタ(トマト・塩・クリーム味から選ぶ)・
メイン料理・デザート・コーヒー or 紅茶

シェフからひとこと

鶴見貞治さん

食事をする……楽しい時間ですよね！

そんな楽しい時間を、私たちレストランはサポートし、食を通して感動や感激を与えられるように、日々努力して行きたいと思っています。

1.「Bランチ　1,980円」サラダ風前菜盛り合わせ・パスタ（トマト・塩・クリーム味から選ぶ）・メイン料理・デザート・コーヒー or 紅茶。

2. 今週のランチパスタの一例。絶妙なアルデンテ！

3. 本日のデザートの一例。ランチに付くデザートは日替わりで提供されます。

4. 座席数はテーブル席20・個室はなし。落ち着いた雰囲気で食事ができるようにとシンプルにまとめられた店内。

5. 宇都宮ではなかなかお目にかかれないワインも揃っています。

6. 東図書館の近くにある、イタリアのレストランをイメージしたかわいらしい建物です。

Information

- **所在地**／宇都宮市中今泉3丁目13-13 ベルコリーナ1F
- **交通**／JR宇都宮駅東口より車で5分
- **駐車場**／有（12台）無料
- **営業時間**／ランチ11:30～14:00（L.O.）　ディナー18:00～22:00（L.O.）
- **休業日**／水曜日

■カード　可（DC JCB MASTER NICOS UC VISA）
■席予約　席のみの予約可（当日まで）
■禁煙席　全席禁煙

1

シンプルだけど計算しつくされた居心地のよい空間

Itarian

BARACCA

ばらっか

☎ 028-664-1366

ランチ 1,300円〜

ディナーコース 4,100円〜

Lunch 月・㊋・㊌・㊍・㊎・㊏・㊐

Lunch Menu

ランチコース 3,000円
前菜盛り合わせ・フランスパン・パスタ・
魚料理 or 肉料理・デザート盛り合わせ・ドリンク

メインコース 2,100円
前菜盛り合わせ・フランスパン・本日のスープ・
魚料理 or 肉料理・デザート盛り合わせ・ドリンク

パスタセット 1,300円
6種類のパスタから1品・サラダ・フランスパン・
デザート盛り合わせ・ドリンク

オーナーが「自分たちが行きたいイタリアンレストラン」をイメージして、誰もが和める空間であるよう、細部で気配りされたお店です。

料理のコンセプトは、シンプルかつ正統なイタリア料理。上質のオリーブオイルが食材のうまみとコクを十分に引き出しています。体に優しいワインを取り揃えているので、料理と一緒に楽しめます。日替わりのおすすめメニューは、常に季節の旬な素材を取り入れて提供してくれます。

オーナーシェフからひとこと

漆原雅彦さん

落ち着いた雰囲気で、素材の持ち味を生かしたシンプルなイタリア料理を楽しんでください。朝、市場で仕入れた新鮮な魚介を使ったメニューや、絶妙な火入れの肉料理はおすすめです。

1. 写真は「ランチコース3,000円」。前菜盛り合わせ・フランスパン・パスタ・魚料理 or 肉料理・デザート盛り合わせ・ドリンク。
2. コースのパスタの一例。写真は「スパゲティ カルボナーラ」。
3. デザート盛り合わせの一例。全てのランチメニューにデザート盛り合わせが付きます。
4. 座席数はカウンター席6・テーブル席15・個室はなし。
5. イタリア製の家具などもディスプレイされ、異国情緒が感じられるお店。
6. 石と木、漆喰の壁、呼吸する素材に囲まれた開放感があふれる店内。

Information

- **所在地**／宇都宮市元今泉7-16-15 マロニエハイツ今泉1F
- **交通**／JR宇都宮駅東口より国道4号線を車で約5分
- **駐車場**／有(12台) 無料
- **営業時間**／ランチ11:30～14:30(L.O.14:00)
  ディナー18:00～22:30(L.O.21:30) ＊日祝日は22:00(L.O.21:00)
- **休業日**／月曜日

＊このお店の価格は全て税別表記です

■カード 可(DC JCB MASTER NICOS UC VISA)

■席予約 席のみの予約可(当日まで)

■禁煙席 全席禁煙(21席)

本格的なフレンチをリーズナブルに堪能できる

French

SENTEURS《さんとぅーる》

1

肩肘張らずに楽しめるカジュアルフレンチのお店。店内は落ち着いた色調でまとめられています。オープンキッチンになっているため、シェフとの距離も近く感じられるアットホームな雰囲気。仕切られたスペースもあるので少人数グループでの利用にもGOOD。

多彩なランチコースが用意されており、土日も利用できるので、ちょっと贅沢な休日のランチにおすすめのお店。ヨーロッパでの修業や超一流ホテルでの経験を生かしたシェフの料理を、まずは気軽なランチで楽しんでみてはいかが。

☎ 028-660-8556

ランチ 1,400円〜

ディナーコース 2,850円〜

Lunch 月・火・水・木・金・土・日

Lunch Menu

パスタランチ 1,400円
サラダ・トースト・パスタ・デザート・ドリンク

ビストロランチ 1,800円
サラダor前菜・スープ・メイン（魚or肉料理）・パン・デザート・ドリンク

3

2

6

5

4

1.「ビストロランチ 1,800円」サラダ or 前菜・スープ・メイン料理（魚 or 肉）・パン・デザート・ドリンク。

2. 写真は「ビストロランチ（1,800円）」のメイン料理（魚料理）の一例です。

3. ランチメニューに付くデザートの一例。デザートも全て手づくり。写真は「クレームブリュレ」。

4. ワインも豊富に用意されているので、休日のランチとともに楽しんでみてはいかが。

5. 記念日やおしゃれなデートにもおすすめのレストラン。

6. 店内は異国情緒あふれる素敵な空間。座席数はテーブル席16・個室はなし。貸し切りでの利用も可能です。

オーナーシェフからひとこと

飯田功さん

当店では、よりレベルの高い料理をお客様に味わっていただけるよう、努力しております。ランチタイムはお客様自身でメニューを組立てるプリフィックススタイルをとっています。

Information

- **所在地**／宇都宮市泉ヶ丘2-1-16-102
- **交通**／JR宇都宮駅より関東バス柳田車庫行きで約10分、泉ヶ丘2丁目下車徒歩すぐ
- **駐車場**／有（8台）無料
- **営業時間**／ランチ11:30～14:00（L.O.）　ディナー18:00～21:30（L.O.）
- **休業日**／予約のない水曜日

■**カード**　可（JCB MASTER VISA）

■**席予約**　席のみの予約も前日まで可

■**禁煙席**　全席禁煙（16席）

Chinese

おいしい料理で癒しのひとときを

上海飯店《しゃんはいはんてん》 中華《ちゅうか》 紅樓夢《こうろうむ》

清原球場に近く豊かな緑に囲まれた、和テイストの建物の本格中華料理店です。店内は明るい色調で、ゆったりとテーブルが配されており、隣を気にせず過ごせます。広い座敷もあるので、宴会や慶事、法事、様々なシーンで利用できるお店。

女子会・昼会コースなどもあり、安心安全な食材を使用した、本格中華がリーズナブルな価格で味わえるのはうれしい限り。ランチセットはドリンクバー付きで、食後もゆっくりおしゃべりを楽しみながら過ごせます。予約をすれば二〇〇〇円（税別）でコース料理も用意してもらえます。

☎ 028-666-5518

ランチ 900円～

ディナーコース 3,000円(税別)～

Lunch 月・㊋・㊌・㊍・㊎・㊏・㊐

Lunch Menu

ランチ定食 900円

五目そば 970円

チャーハン点心セット 1,030円

レディースBセット 1,350円

レディースCセット 1,250円

3

2

5

4

マネージャーからひとこと

水沼桂子さん

家庭的で笑顔あふれるおもてなしに日々心がけております。「食」の喜びとともに真心を込めて体に優しい料理をお作りいたします。是非ご来店ください。

1.「レディースＡセット 1,600円」。スープ・サラダ・小付・えびマヨ・えびチリソース・海鮮炒め・点心2種・ごはんorお粥・デザート・ドリンクバー付き。

2.写真は「三種海鮮定食 1,250円」のメイン料理の一例です。ぷりぷりの海老、新鮮な帆立貝柱、柔らかな紋甲イカを旬野菜とともにあっさり味で。

3.点心の一例。写真は「小龍包(300円)」。レディースセットには点心2種が付いてとってもお得。

4.座席数は座敷席32・テーブル席12。和風の建物内は明るくおしゃれな空間。混み合う時間もゆったり食事ができるつくりです。

5.オレンジの看板が目印！ 料亭のような外観の中華料理のお店です。

Information

● **所在地**／宇都宮市鐺山町2089-3
● **交通**／JR宇都宮駅東口より国道123号線を水戸方面へ車で約20分
● **駐車場**／有(15台) 無料
● **営業時間**／ランチ11:30～14:00(L.O.13:30)
ディナー18:00～22:00(L.O21:00)
● **休業日**／月曜日・月に1日不定休

■**カード** 不可 ■**席予約** ランチタイムは団体予約・コース予約のみ ■**禁煙席** 全席禁煙

1

風情のある庭園を眺めながら贅沢を味わう

Japanese

茶寮やすの

さりょう　やすの

郊外から少し離れた、静かで落ち着いたところにあり、心をゆったりと遊ばせる「和」のリゾート気分を楽しめるお店。四季の移ろいが感じられる緑豊かな中庭があり、窓から見られる風景はまるで絵画のようで、こだわりが感じられます。

旬の魚と地場の取れ立て野菜の旨味を融合して、今が一番おいしい季節の懐石料理を、器・飾り付けとともに堪能できます。目でも舌でも楽しめる贅沢なランチを。大切な人と共に味わってみるのはいかがでしょう。

☎ 028-667-7382

ランチ 2,000円～（税別）

ディナーコース 5,000円～（税サ別）

Lunch 月・㊋・㊌・㊍・㊎・㊏・㊐

Lunch Menu

季節の御弁当 2,000円～

野菜懐石 3,500円

お昼の懐石 4,000円～

店主から
ひとこと

安野耕造さん

自然と仲良く作り出され、この土地の味・水の味をたっぷり含んで美味しく育った栃木の野菜・畜産肉・そして日本全国から届く旬の魚、出会いは無限大ながらその時だけの「一期一会」今日の一品をお召し上がりにいらして下さい。

1. 写真は「季節の御弁当 3,000円」。料理の内容は旬の廻りによって変わります。
2. 懐石からの一品。写真は「朴葉焼」。～この季節はこれを食したい！～ という品々が存分に味わえる懐石料理は目も楽しませてくれます。
3. 写真は「しゃぶしゃぶ膳 3,500円」。口いっぱいにとろけるうま味が広がります。
4. 座席数はテーブル席16・個室が5室あり。2～50人まで対応可能。
5. 春は桜、秋は紅葉を愛でながら季節の料理を楽しむ「眼福口福会」が行われます。
6. 窓枠が中庭の風景をその日限りの絵画に仕立ててくれます。

Information

●所在地／宇都宮市鐺山町 2047-1
●交通／ JR宇都宮駅東口より清原台団地方面へ車で約20分
●駐車場／有(30台) 無料
●営業時間／ランチ11:30 ～ 14:00(L.O.)　ディナー 17:00 ～ 21:00(L.O.)
●休業日／月曜日(祝日の場合は翌日)
＊このお店の価格は全て税別表記です

■カード　可(DC JCB MASTER NICOS UC VISA)　■席予約　席のみの予約可(料理コースは限られる)　■禁煙席　個室以外は全席禁煙

窓からの眺めと落ち着いた雰囲気の中で贅沢なランチ

CAFE UNE

French

かふぇ　ゆんぬ

☎ 028-688-0603

ランチ 1,050円(単品)～

ディナーコース 2,500円～

Lunch 月・㊋・㊌・㊍・㊎・㊏・㊐

Lunch Menu

キッシュプレート 1,050円
キッシュ・サラダ・プチスープ

パスタコース 1,500円
スープ・パスタ・デザート・コーヒー or紅茶

本日のコース 2,100円
前菜・スープ・メイン・デザート・コーヒー or紅茶。

二〇一三年一〇月にオープンしたフランス料理のカフェ。日本庭園に囲まれ、栃木の大谷石を上品に使った店内は高級感があります。「カフェ」なので肩肘張らずに気軽に入ることができ、修行を積んだシェフの手の込んだ本格フランス料理がリーズナブルな価格で楽しめるのが魅力。

「美味しいもので笑顔にしたい」というシェフの思いが溢れ、スタッフの笑顔にも癒されます。焼き菓子やフランス菓子をテイクアウトすることもできるので、ちょっとした手土産や贈り物にもおすすめです。

3

2

6

5

4

シェフからひとこと

小原崇寛さん

大谷石をモダンに使った店内で和と洋が融合された店作りにしてあります。どの年齢層の方にも楽しんでいただけるようお野菜もふんだんに使用し、前菜からデザートまで手の込んだものを御用意しております。

1. 写真は「本日のコース 2,100円」。前菜・スープ・メイン・デザート・コーヒー or 紅茶。メイン料理、デザートは数種類から選べます。
2. 季節のタルトやモンブラン、ガトーショコラ、りんごパイなど、カフェタイムやテイクアウト用の生菓子が常時取り揃えてあります。
3. 予約をすれば誕生日や各種記念日用のデコレーションケーキも作ってもらえます。
4. 焼き菓子も豊富に並びます。
5. 「茶寮やすの」の「離れ席」として使われていた建物を改装。フレンチカフェに生まれ変わりました。
6. 大谷石をふんだんに使用した上質な空間。

Information

- **所在地**／宇都宮市鐺山町2044－1
- **交通**／JR宇都宮駅東口より清原台団地方面へ車で約20分
- **駐車場**／有(15台) 無料
- **営業時間**／ランチ11:30～14:30(L.O.)　ディナー17:30～21:30(L.O.)
- **休業日**／月曜日

＊このお店の価格は全て税別表記です。

■**カード**　不可

■**席予約**　席のみの予約も可(当日まで)

■**禁煙席**　全席禁煙

French

ジャズ好きなオーナーシェフが楽しみながらつくる本格料理

Restaurant chez Inose《れすとらん しぇいのせ》

ＪＲ岡本駅の近くにある本格フランス料理が味わえるお店です。最高の食材を厳選し、自家ハーブ園の採れたてハーブを使用しています。

ランチメニューは、３種類のプリフィックスコースで、前菜とメインをそれぞれ９種類の中から選ぶことができ、その日の気分に合わせてカスタマイズできます。自らウッドベースを弾くというオーナーは、大のジャズ好き。ディナータイムにはジャズライブが開催されることもあります。

☎ 028-673-9224

ランチ 1,620円～

ディナーコース 3,024円～

Lunch 月・火・水・木・金・土・日

Lunch Menu

Sコース 1,620円
ハーブサラダ・スープ・お好みのメイン1品・デザート盛り合わせ・コーヒー or 紅茶・パン

Aコース 2,160円
お好みの前菜1品・スープ・お好みのメイン1品デザート盛り合わせ・プティフール・コーヒー or 紅茶・パン

Cコース 3,240円
お好みの前菜1品・スープ・お好みのメイン2品・デザート盛り合わせ・プティフール・コーヒー or 紅茶・パン

3 2

6

5

4

猪瀬孝幸さん

お店の中には私の好きな絵や花を飾り、毎日料理をすることを楽しませてもらっています。料理の基本は人を喜ばせる気持ち。イノセ的フランス料理の数々を、是非ともご賞味下さい。

1.「Bコース　3,024円」お好みの前菜2品・スープ・お好みのメイン1品・デザート盛り合わせ・プティフール・コーヒー or 紅茶・パン。

2. ランチコースの前菜の一例。写真は「ホタテ貝とアスパラガスの軽いグラタン」。

3. ランチコースのデザート盛り合わせの一例。自家製のハーブが添えられています。

4. 木の温もりが感じられる落ち着いた店内。木々に囲まれ、窓に映る緑にも癒されます。

5. 下岡本町にある、隠れ家のようなフレンチレストランです。

6. 座席数はテーブル席32・8～12人用の個室が1室あり。

Information

- **所在地**／宇都宮市下岡本町4564-1
- **交通**／JR岡本駅より徒歩15分
- **駐車場**／有(15台) 無料
- **営業時間**／ランチ11:30～13:30(L.O.)　ディナー18:00～20:00(L.O.)
- **休業日**／水曜日・第3火曜日　不定休あり

＊このお店の価格にはサービス料10%が加算されます。

■**カード**　不可　■**席予約**　席のみの予約は可　■**禁煙席**　全席禁煙

1

本場のフレンチを気取らずにお箸でいただく

French

Restaurant MÂCHONNER《れすとらん　ましょね》

レンガ色のトンガリ屋根が目を引く、住宅街にある一軒家のレストラン。店内は暖炉が設置され、アンティーク調でかわいらしい雰囲気。アットホームな接客で、居心地のよいお店です。

毎朝市場から仕入れる新鮮な食材を使用し、旬を味わえる彩り鮮やかな料理を提供してくれます。素材に合わせたさまざまなソースには、シェフ独自の工夫が凝らされ、「和」と融合されたメニューも揃っています。苦手なものなどがあれば、要望に応えてくれるので、思う存分料理を楽しめます。

☎ 028-664-1900

ランチ 1,830円～

ディナーコース 2,480円～

Lunch 月・火・水・木・金・土・日

Lunch Menu

ランチコース 1,830円
海の幸サラダ・本日のスープ・本日のメイン料理・デザート・パン・コーヒー or 紅茶

シェフおまかせ料理 3,240円～
（前日までに要予約）

3

2

6

5

4

桧山高広さん

絵本の中から出てきたような、メルヘンチックなレストランです。様々な舞台をご用意してお待ちしておりますので、絵本の主人公になってみてはいかがでしょうか？ きっと心に残る物語ができますよ。

1. シェフおまかせ料理のメイン料理の一例。写真は「ウナギとフォアグラ 大根 フォンドヴォーのはちみつソース」。料理は季節や仕入れによって変わります。
2. コースのスープの一例。写真は「鯛のコンソメおこげのスープ」。
3. コースのデザートの一例。写真は「焼きたてのアップルパイ バニラアイス添え」。
4. 座席数はテーブル席24・4人用の個室が2室あり。
5. メルヘンチックな建物がかわいらしい、とんがり屋根の一軒家のレストラン。
6. 店内は木とレンガの温かみのある空間。友人の自宅に招かれたような気分です。

Information

- **所在地**／宇都宮市御幸町78-10
- **交通**／JR宇都宮駅東口より国道4号線を矢板方面へ車で約15分
- **駐車場**／有(5台) 無料
- **営業時間**／ランチ11:30～15:00(L.O.14:00)
  ディナー18:00～22:00(L.O.21:00)
- **休業日**／火曜日

■**カード** 不可　■**席予約** 席のみの予約可(当日まで)　■**禁煙席** 全席禁煙

1

高温で一気に焼き上げるアツアツのピッツァをどうぞ

Itarian

pizzeria trattoria アロマ デル ソーレ《ぴっつぇりあ とらっとりあ あろま でる そーれ》

本場ナポリの薪窯職人によって作られた自慢のピッツァ窯で焼く本物のナポリピッツァが楽しめるイタリアンレストランです。上質な小麦粉やチーズ、トマトなどを使用し、小麦の香りと甘みが堪能できる「真のナポリピッツア協会」に加盟している自慢のピッツァを提供してくれます。

ランチタイムはピッツァやパスタはもちろん、本格的な肉料理・魚料理のメニューもあり、コース仕立てで楽しむこともできます。

☎ 028-651-3066

ランチ 1,200円～

ディナーコース 1,500円～

Lunch 月・火・水・木・金・土・日

Lunch Menu

Pranzo ピッツァ 1,200円
サラダ・パン・お好みのピッツァ・
本日のドルチェ・カフェ

Pranzo アッサジャーレ 1,700円
アロマデルソーレが一度に楽しめるランチ。
前菜２皿・お好みのピッツァ（小）・お好みのパスタ(小)・パン・お好みのドルチェ・カフェ

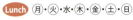

3

2

5

4

オーナーからひとこと

金子剛久さん

広々とした開放的な空間で、薪釜で焼き上げる本物のナポリピッツァを召し上がって下さい。またパスタも多数そろえております。ランチタイムとディナーではまた違ったお料理になりますので、ぜひ両方ともお試し下さい。

1. 写真は「Pranzo メディオ　1,500円」。本日のアンティパスト盛り合わせ・お好みのパスタorピッツァ・お好みのドルチェ・カフェ。写真は「マルゲリータ」。プラス料金で選べるメニューもあります。
2. 写真は「Pranzo パスタ　1,200円」。サラダ・パン・お好みのパスタ・本日のドルチェ・カフェ。パスタは4～5種類から選べます。
3. ドルチェの一例。パスティチェーレによる日替わりドルチェをはじめとして、4～5種類から選べます。
4. 座席数はテーブル席42・個室はなし。店内には薪釜があり、ピッツァが次々に焼き上がっていきます。
5. ピッツァはテイクアウトもできるので、手土産や自宅でのパーティーなどにもどうぞ。

Information

- 所在地／宇都宮市下栗町2937-5
- 交通／JR宇都宮駅よりバスで平松神社前下車、徒歩1分
- 駐車場／有(42台) 無料
- 営業時間／ランチ11:00～14:30(L.O.)　ディナー17:30～21:30(L.O.)
- 休業日／水曜日

＊このお店の価格は全て税別表記です

■カード　不可　■席予約　席のみの予約も可(当日まで)　■禁煙席　全室禁煙

シックで和モダンな空間で目でも楽しめる日本料理を

Japanese

日本料理 薫風

にほんりょうり　くんぷう

☎ 028-612-8117

ランチ 2,000円～

ディナーコース 3,800円～

Lunch 月・火・水・木・金・土・日

Lunch Menu

薫風ランチ 2,000円

スペシャル薫風ランチ 3,000円

女子会ランチ 2,500円

二〇一三年四月にオープンした路地裏の隠れ家のような日本料理店。東京の老舗料亭などで修行を積んだ店主が、器には大谷石、日光杉を使用し、見た目にもこだわった上質な料理を提供してくれます。

ランチタイムは旬の料理が少しずつたくさん味わえる「薫風ランチ」が用意され、手を尽くした日本料理がリーズナブルな価格で堪能できます。毎週月曜日は「スイーツデー」で、ランチのデザートがWサイズになるサービスがあります。来店前には予約がおすすめです。

3

2

6

5

4

店主から
ひとこと

菅谷繁一さん

鮮魚は築地から、野菜は契約農家から仕入れ、なるべく栃木県産を使用しています。モダンな空間で食べる和食をコンセプトに、若い女性でも楽しめるようなお店づくりをしました。気軽にお立ち寄り下さい。

1.「スペシャル薫風ランチ　3,000円」。女性に人気の品数豊富なランチ。デザート・コーヒー付き。

2. 写真は「スペシャル薫風ランチ」の刺身。細部にまでこだわりが感じられる美しい盛り付けです。

3. 女子会ランチのデザート一例。写真は黒糖プリン・かぼちゃアイス・水羊羹。デザートはテイクアウトも可能です。

4. 座席数はカウンター席5・テーブル席10・個室はなし。

5. 国道4号線沿いの大川家具脇の細い路地を入ってすぐのところにあります。

6. カウンター席ではきびきびと調理する様子を眺めながら料理を待つ時間を楽しめます。

Information

- **所在地**／宇都宮市東簗瀬1-7-2 パールマンション1F
- **交通**／JR宇都宮駅より国道4号線を小山方面へ車で約10分
- **駐車場**／有(7台) 無料
- **営業時間**／ランチ11:30 ～ 14:00(LO 13:30)　ディナー 18:00 ～ 22:00
- **休業日**／祝日　＊日曜日はランチタイムのみ営業

■**カード**　可(DC JCB MASTER NICOS UC VISA)　■**席予約**　席のみの予約も可(当日まで)　■**禁煙席**　全席禁煙

心と体に良い物を使った厳選料理

French

kitchen Comme・Chez・Veux

きっちん　こむしぇゔ

☎ 028-645-2901

ランチ 1,150円～

ディナーコース 2,160円～

Lunch 月・火・水・木・金・土・日

Lunch Menu

プチコースランチ（本日の肉料理） 1,730円

プチコースランチ（本日の鮮魚料理） 1,900円

コム.シェ.ヴ.ランチ 3,600円
オードブル・プチスープ・魚料理・肉料理・ライスorパン・デザート盛り合わせ・コーヒー or 紅茶

　友だちの家を訪れるようなカジュアルな感覚で、バラエティー豊かな洋食料理が楽しめるお店です。毎朝揃えるご主人こだわりの新鮮食材は、添加物などを一切使用することなく調理して提供されます。

　「友だち」思いのご主人が丹精を込めて作る、心と体にやさしい料理。新鮮さにこだわり、一日で使い切る分しか食材を仕入れないため、食材がなくなり次第オーダーストップとなるので予約がおすすめ。アミュゼセットは一皿でたくさんの食材を味わえる人気メニューです。

シェフからひとこと

近藤秀夫さん

見た目は普通の家、味はお墨付き（常連様より）。気心知れた友人・親子・家族との大切な時間と自分へのご褒美の時間を、無添加手作り料理がサポートします。

1.「プチコースランチ（本日のお肉料理） 1,730円」写真の肉料理は「栃木県産那須三元豚のカツレツと季節の野菜」。

2.「プチコースランチ」に付くオードブルの一例。季節の前菜と地元野菜のサラダオードブルです。

3.「アミュゼセット　1,150円」。サラダ・卵料理・季節のマリネ・プチオードブル・本日の主菜・お米料理・プチパン・シャーベット・ソフトドリンク（+150円でスープ付き/+200円でデザート付き）。

4. 座席数はテーブル席22・個室はなし。

5. 友だちの家を訪れるような気分になれる一軒家のレストラン。

6. ゆったりとテーブルが配された明るい店内。10人から貸し切りパーティーも可能です。

Information

- **所在地**／宇都宮市西川田町944-14
- **交通**／東武線江曽島駅より栃木街道を車で約10分
- **駐車場**／有（9台）無料
- **営業時間**／ランチ11:30～14:15(L.O.)　ディナー17:30～20:30(L.O.)
- **休業日**／水曜日・火曜日のディナー

■**カード**　不可

■**席予約**　席のみの予約可（前日まで）

■**禁煙席**　全席禁煙

1

シェフの徹底したこだわりフレンチを上質な空間で

Atelier de Yoshimi

French

あとりえ・どぅ・よしみ

☎ 028-659-7557

ランチ 1,680円〜

ディナーコース 4,200円〜(税込・サ別)

Lunch 月・火・水・木・金・土・日

Lunch Menu

Aランチ 1,680円
前菜2種・メイン・自家製パン・前菜・
サラダ・メイン料理・デザート・コーヒー or 紅茶

Bランチ 2,300円
前菜1・前菜2・メイン料理・デザート・コーヒー or 紅茶

贅沢ランチ(要予約) 5,400円
全8品

「本格フランス料理をリーズナブルな価格で。味に妥協を許さない」というオーナーシェフが、季節ごとの身近な食材から高級食材までフレンチの手法を活かし、ソース、デザート、パンに至るまで全て「手づくり」にこだわった料理を提供してくれます。

コースは、おまかせメインのシンプルなものから、そこに前菜2種とデザート、飲み物を加えた充実のコースまで、どれをとっても味はもちろん、目も楽しませてくれる品々。落ちついた雰囲気の中で、ゆっくりとおしゃべりしながら午後のひとときが過ごせます。

3

2

6

5

4

シェフからひとこと

吉美征彦さん

目立たない外観とは裏腹に、ドアを開けると温かいサービスと美味しい料理、シェフの細やかな心遣いでおもてなし致します。お気軽にご来店下さい。

1. 写真は「Bランチ　2,300円」。前菜1・前菜2・メイン料理・デザート・コーヒー or 紅茶。前菜・メイン料理を選べます。
2. ランチコースの前菜の一例。写真は「本日のテリーヌ」。肉や魚、野菜で作るテリーヌです。
3. 写真はオープン以来不動の人気商品「タルトタタン」。
4. 座席数はテーブル席18・個室はなし。
5. ワインと食事が楽しめるワイン会が、定期的に開催されています。
6. 丁寧な接客も魅力のひとつ。心地よい時間が過ごせるお店です。

Information

- **所在地**／宇都宮市今宮4-4-37
- **交通**／JR雀宮駅より国道4号線を宇都宮市内方面へ車で約10分、赤十字血液センター向かい側
- **駐車場**／有(8台) 無料
- **営業時間**／ランチ11:30～15:00(L.O.14:00)
  ディナー18:00～22:00(L.O.20:00)
- **休業日**／水曜日・第1木曜日

■**カード**　不可　■**席予約**　席のみの予約は当日でも可　■**禁煙席**　全席禁煙

ゆったりとした伊（異）空間で、美味しい料理を！

Itarian

La patina

らぱてぃーな

☎ 028-658-7997

ランチ 1,080円～

ディナーコース 5,000円～

Lunch 月・火・水・木・金・土・日

Lunch Menu

生パスタランチセット 1,080円～
自家製パン・サラダ・前菜2種・
ココットめし・ドリンク付き

＊生パスタは数種類から選べます
＊プラス200円でドルチェが付けられます。

イタリアで感じた気さくで温かみのある食堂を再現したいと二〇〇九年にオープンしたお店です。生産者から直接買い付ける安全・安心なこだわり食材を使用し、トスカーナ料理をメインに、肉料理とパスタ、エスプレッソにこだわった、大人のイタリアンを提供してくれます。

ランチタイムはカジュアルに楽しめる「生パスタランチセット」が大人気。とちぎ産小麦粉を使用した、お店オリジナルのブレンドでモチモチ食感の生パスタを様々な本格ソースでどうぞ。

オーナーシェフからひとこと

森山茂昭さん

イタリア好きな夫婦が営む小さなお店です。皆さまの笑顔が私たちの励みです。味覚は人それぞれですが、美味しいという言葉は一つです。美味しいのために全力で取り組んでいます。

1.「ドンナコンプレータ(女子会セット) 2,000円」。自家製パン2種・彩りサラダと前菜4点盛り・選べるパスタ・おすすめドルチェとジェラート・カフェ。ランチタイムは2人から要予約。

2. カジュアルな「生パスタランチセット 1,080円～」。お店自慢の濃厚カルボナーラも選べます。

3. プラス200円で付けられるデザートの一例。写真は1番人気の「La patinaのティラミス」。ビスケットから手づくりしています。

4. 座席数はカウンター席3・テーブル席18・個室はなし。

5. 県内で行われる各イベントへ出張出店して野外でも本格的なイタリア料理を提供しています。

6. 小さなレストランならではの温かみのある空間。

Information

- 所在地／宇都宮市今宮1-16-12
- 交通／東武江曽島駅より車で約5分
- 駐車場／有(7台) 無料
- 営業時間／ランチ11:30～15:30 (L.O.14:30)
  ディナー18:00～23:00(L.O.食事21:00／ドリンク22:00)
- 休業日／木曜日

■カード 不可 ■席予約 席のみの予約も可(当日まで) ■禁煙席 全席禁煙

女性に人気のお店はデザートにも力を入れている

フランス料理　アコール

ふらんすりょうり　あこーる

☎ 028-655-3590

ランチ 1,728円～

ディナーコース 3,000円～

Lunch 月・㊋・㊌・㊍・㊎・㊏・㊐

Lunch Menu

お昼のコース 1,728円
前菜・スープ・肉料理 or 魚料理・デザート・コーヒー or 紅茶

Aコース 2,160円
前菜2皿・メーン1皿・デザート・コーヒー or 紅茶

Bコース 3,240円
前菜1皿・メーン2皿・デザート盛り合わせ・コーヒー or 紅茶

シェフお任せお昼のコース 4,104円・5,400円
※どちらもフォアグラ料理が盛り込まれています

若松原中学校近くの静かな住宅街に、隠れ家のようにあるフレンチレストランです。店内は、インテリアにもこだわって、温かみのある空間を生み出しています。

季節のイベントに合わせたコース料理は、１７２８円からとリーズナブルな価格で大好評。デザートは季節のフルーツを使用したものなど、最後の一皿までじっくり味わえます。前日までに予約をすれば、記念日用のケーキも用意してもらえます。ケーキやキッシュなどのテイクアウトも行っています。

3

2

6

5

4

シェフからひとこと

森戸和美さん

調和をコンセプトに、空間・料理・ワイン、その時々の時間を大切に心がけています。ワインも豊富にご用意しておりますので、ぜひご来店下さい。お待ちしております。

1.「シェフお任せお昼のコース 4,104円・5,400円」のイメージです。

2. 料理の一例。「シェフお任せお昼のコース 4,104円・5,400円」で味わえます。

3. Aコースのデザートの一例。プラス500円で盛り合わせにできます。

4. ブルゴーニュを中心に約200種類のワインが取り揃えられています。

5. 若松原中学校近くの閑静な住宅街にあるかわいらしい一軒家のレストランです。

6. 座席数はテーブル席26・個室はなし。店内はインテリアにもこだわった、温かみのある落ち着いた空間です。

Information

- **所在地**／宇都宮市みどり野町13-21
- **交通**／JR雀宮駅より国道4号線を宇都宮方面へ約10分
- **駐車場**／有(12台)無料
- **営業時間**／ランチ11:30～13:30(L.O.)　ディナー18:00～20:15(L.O.)
- **休業日**／月曜日

■**カード**　可(ディナーのみ)(DC JCB MASTER NICOS UC VISA)　■**席予約**　席のみの予約も前日まで可　■**禁煙席**　全席禁煙

明るくモダンな雰囲気で立ち寄りやすいお寿司屋さん

Japanese

四季の味 玉寿司

しきのあじ　たまずし

☎ 028-661-4947

ランチ 1,080円〜

ディナーコース 2,160円〜

Lunch 月・㊋・㊌・㊍・㊎・㊏・日

Lunch Menu

特選握りセット 2,160円
寿司松花堂弁当セット 1,728円
海鮮丼セット 1,296円
にぎりセット 1,080円
ちらし弁当セット 1,080円
パワー丼セット 972円

家族で営まれているお寿司屋さんです。大谷石を使用したモダンな建物で、店内は清潔感が溢れる落ち着いた和の空間。選び抜いたネタとシャリの旨みが絶妙なお寿司をはじめとして、和食メニューも堪能できます。

ランチタイムはボリュームたっぷりでリーズナブル！ 気さくな店主さんと会話を楽しみながら、目の前でお寿司を握ってくれるカウンターもおすすめ。アットホームなおもてなしで、小さな子ども連れでも気兼ねなく利用できるので、お食い初めをはじめ、家族のお祝いごとにもおすすめです。

お店から
ひとこと

高田正浩さん

皆様に美味しいお寿司を召し上がっていただくために、毎日市場へ新鮮なお魚を仕入れに行っています。厚めに切ったネタ、美味しいシャリの極上のお寿司を是非ご賞味下さい。

1. 写真は「ちらし弁当セット　1,080円」。ランチタイムは30食限定でサラダ・味噌汁・茶碗蒸し・フルーツ・お新香付き。
2. 写真は「特選握りセット　2,160円」。ランチタイムの握りセットは1,080円から楽しめます。
3. 写真は「パワー丼セット　972円」。季節によって内容は変わります。＊シャリ大盛り
4. 座席数はカウンター席5・テーブル席8・小上がり8・2～8人用の個室が3室あり。
5. 大谷石を使用したモダンな建物。
6. 気軽に立ち寄れるアットホームな雰囲気のお寿司屋さんです。

Information

- **所在地**／宇都宮市陽東8-22-25
- **交通**／JR宇都宮駅東口より車で約10分
- **駐車場**／有(9台) 無料
- **営業時間**／ランチ11：00～14：00(L.O.13：30)
  ディナー17：00～22：00(L.O.21：30)
- **休業日**／月曜日

■**カード**　ランチタイムは不可(ディナーのみ可)
■**席予約**　ランチタイムの予約は不可
■**禁煙席**　ランチタイムは全席禁煙

1

Itarian

気取らずラフでカジュアルにおいしいイタリアンを

Taverna《たべるな》 Sakurai《さくらい》

ベルモールの近くにあるイタリアンのお店。「タベルナ」とはイタリア語で「大衆食堂」。その名の通り、リラックスした雰囲気で本格的なイタリア料理を楽しむことができます。地元の厳選された野菜を、オーナーのこだわり手作りドレッシングでいただくサラダはボリューム満点！　女性にはとてもうれしい一品です。

ランチメニューは気軽なセットメニューからコース仕立てのものまで3種類。ワインも種類豊富に用意されているので、時にはランチタイムにグラスワインを添えて楽しんでみるのもおすすめです。

☎ 028-663-5635

ランチ 1,200円～

ディナーセット 2,500円前後

Lunch ㊊・火・㊌・㊍・㊎・㊏・㊐

Lunch Menu

Bランチ 1,500円
前菜3種・サラダ・パン・お好みのパスタ・ドルチェ・ドリンク

Aランチ 1,200円
サラダ・パン・お好みのパスタ・ドルチェ・ドリンク

＋300円でお好みのパスタを定番パスタから選べる「卵とベーコンのクリームソース」「海の幸のトマトソース」「ボローニャ風ミートソース」

3

2

5

4

シェフからひとこと

櫻井一昭さん・飯島一樹さん

お客様に気取らずラフでカジュアルに料理やワインを楽しんでもらいたいと思います。カクテルや様々な味が楽しめるグラスワインなど、多種ご用意していますので、お気軽におたずね下さい。

1. 写真は「Cランチ　2,100円」の一例。前菜3種・サラダ・パン・お好みのパスタ・メイン料理・ドルチェ・ドリンク。プラス100円でスープを付けることもできます。
2. お店自慢のアラカルト料理「牛の胃袋と白いんげん豆の煮込みトスカーナ風　850円」。気軽に楽しめる本格的な料理です。
3. 写真はBランチのドルチェ 3種の盛り合わせの一例。内容は日替わりです。
4. 座席数はカウンター席5・テーブル席20・個室はなし。ランチタイムは混み合うことが多いので、予約をして早めの時間に来店するのがおすすめです。
5. JR宇都宮駅の東口からベルモール方面へ。マンションの一階にあります。

Information

●所在地／宇都宮市陽東8-2-7ヴィベール1F
●交通／JR宇都宮駅西口より徒歩15分
●駐車場／有(4台) 無料
●営業時間／ランチ11:30 ～ 14:30(L.O.) 日・祝日は15:00まで
ディナー17:30 ～ 22:00(L.O.) 日・祝日は21:30(L.O.) まで
●休業日／火曜日(祝日の場合は翌日)

■カード　不可

■席予約　席のみの予約も可(当日まで)

■禁煙席　ランチタイムはカウンター以外禁煙

季節ごとに選び抜いた国産のそばを使用

Japanese

蕎麦遊膳 花よし

そばゆうぜん　はなよし

ＪＲ宇都宮駅の東口から少し歩いたところにある日本料理屋さん。日光の鬼怒川温泉の旅館で料理長をつとめていた店主が、国産そば粉と地元の名水を使った手打ち蕎麦をはじめとして、こだわりの素材を使った一品料理を楽しむことができます。

店内は、ゆとりを持って幅をとったテーブル席と、半個室席。どの席でもゆったりとくつろぐことができます。夜は一品料理や懐石風膳で日本酒や焼酎のそば湯割などが楽しめます。〆には自慢の手打ちそばでどうぞ！

☎ 028-612-8749

ランチ 1,000円(税込)～

ディナーコース 3,500円～

Lunch 月・火・水・木・金・土・日

Lunch Menu

蕎麦セット各種 1,000円(税込)
もりそばorかけそば・ミニ丼(天丼・鮪丼・鴨焼丼・とろろ丼)・漬物

蕎麦膳各種 1,500円
ミニ丼・そば(もりそばorかけそば)・小鉢・漬物・デザート

店主から
ひとこと

吉田誠さん

そばは、国産のものをその季節で最良のものを選び抜いて使用しています。昼は手軽に食べることができるセットメニューや、女性向けのデザート付き御膳なども用意しております。是非ご来店下さい。

1. 写真は「花よし御膳　2,500円」。小鉢・お造り・焼物・揚物・そば・ご飯・漬物・デザート。
2. 写真は「天丼　1,200円」。小鉢・漬物・汁物付き。
3. 写真は「ミニ鴨焼丼セット」。ミニ鴨焼丼・そば（もりそば or かけそば）・漬物付き。
4. 8人まで利用できる半個室もあるので、ちょっとした集まりにもおすすめです。
5. 蕎麦に合った地酒もあるので、一緒に楽しんでみてはいかが。
6. 座席数はカウンター席5・テーブル席14・半個室（6人～）1室あり。

Information

- 所在地／宇都宮市宿郷2-7-3
- 交通／JR宇都宮駅より徒歩10分
- 駐車場／有（10台／共有）無料
- 営業時間／ランチ11：30～14：00（L.O.）　ディナー17：30～23：30（L.O.23：00）
- 休業日／日曜日

＊このお店の価格はセットメニュー以外全て税別です。

■カード　不可　■席予約　席のみの予約も可（当日まで）　■禁煙席　ランチタイムは全席禁煙

1

こぢんまりとした居心地のよい空間で本格イタリアンを

Osteria Anjo

おすてりあ　あんじょう

白楊高校の向かい側にある、本格的なイタリア料理が楽しめるお店です。店内はオープンキッチンで、カウンター席ではシェフが手際よく調理している様子を感じながら五感で料理を味わうことができます。

素材の持ち味を活かした季節を感じられるメニューは、イタリア、トスカーナ地方の料理が中心。前菜からドルチェまで、手間ひまかけた品々をじっくりと味わえます。ランチタイムは混み合うことが多いので、早めの来店か予約がおすすめです。

☎ 028-660-2000

ランチ 1,250円～

ディナーコース 3,500円～

Lunch 月・(火)・(水)・(木)・(金)・(土)・日

Lunch Menu

Aランチ 1,250円
サラダ・パスタ・ドリンク

Bランチ 1,550円
前菜盛り合わせ・パスタ・ドルチェ・ドリンク

Cランチ 2,100円
前菜盛り合わせ・パスタ・メイン料理・ドルチェ・ドリンク

3 2

6 5 4

安生勝己さん

オープンから17年、ランチタイムは軽めのセットメニュー、夜はアラカルト中心で、落ち着いた雰囲気の中で気取ることなくお料理とワインを楽しんでいただけるお店づくりを目指しています。

1.「Bランチ　1,550円」。前菜盛り合わせ・パスタ・ドルチェ・ドリンク。写真のパスタは「鴨の挽肉と白いんげん豆のトマトソーススパゲティ」。

2.写真は「Cランチ　2,100円」のメイン料理の一例。肉料理・魚料理から選べます。プラス料金で選べる料理もあります。

3.ドルチェの一例。写真は「生チョコ入りロールケーキ(季節限定)」。全て手づくりです。

4.座席数はテラス席6・カウンター席5・テーブル席28・個室はなし。

5.白楊高校の向かい側のマンションの一階にあるレストランです。

6.レンガのあたたかみがイタリアの雰囲気をかもし出している店内。ランチタイムもワインを楽しみたくなるお店です。

Information

●**所在地**／宇都宮市元今泉5-4-6 マロニエエコーハイツ1F
●**交通**／JR宇都宮駅東口から車で約5分
●**駐車場**／有(14台) 無料
●**営業時間**／ランチ11:30～14:00(L.O.)　ディナー18:00～22:30(L.O.)
●**休業日**／月曜日・第2火曜日

■**カード**　可(JCB VISA MASTER DC UC AMEX)　■**席予約**　席のみの予約も可(当日まで)　■**禁煙席**　全席禁煙

モダンで清潔感溢れるアットホームな雰囲気の中華料理店

Chinese

中華彩食 やまと

ちゅうかさいしょく　やまと

緑ヶ丘小学校近くの閑静な住宅街にある、一軒家の中華料理店です。横浜中華街を皮切りに、都内のレストランで技術を学んだシェフが、基本を大切に、手づくりにこだわった料理を提供してくれます。

ランチタイムはリーズナブルな価格で本格的な料理がボリューム満点のセットメニューで楽しめるのはうれしい限り。お店自慢の「とろみそば」はとろっとした餡かけスープがあっさり風味で美味しくいただけます。

☎ 028-645-8010

ランチ 800円〜

ディナーコース 2,700円(要予約)〜

Lunch 月・火・水・木・金・土・日

Lunch Menu

青ランチ 800円
週替わり料理・サラダ・スープ・小鉢付き

黄ランチ 1,000円〜
ラーメン(醤油・塩・味噌)・週替わり料理・半ライス・小鉢

＊ランチタイムはドリンク(コーヒー or ウーロン茶)サービス

3

2

6

5

4

オーナーシェフからひとこと

幕田至周さん

他人を大切に、自然をいつくしむという日本人がもつ「大和魂」の心意気から店名を付けました。リーズナブルな価格で本格的な中華をご提供致しておりますので、安心してご来店いただければと思います。

1. 写真は「おまかせプチコース 1780円」。2日前までに予約が必要です。
2. 写真は単品メニューの一例「牛肉のXO醤炒め 1,280円」。
3. 写真は「黒坦々麺 780円」。各種麺類にはプラス300円でチャーハン付き（Aセット）・プラス320円で半チャーシュー飯付き（Bセット）・プラス400円でギョーザ・半ライス付き（Cセット）のやまとセットがおすすめです。
4. 座席数はカウンター席3・テーブル席18・個室はなし。掘りごたつ式の席もあるので、お子様連れでも安心です。
5. モダンな外観で家族連れでも立ち寄りやすいお店です。
6. 広めのテーブルでゆったり食事ができるくつろぎの空間。

Information

- 所在地／宇都宮市緑1-3-3
- 交通／東武江曽島駅より徒歩15分
- 駐車場／有(6台) 無料
- 営業時間／ランチ11:00 ～ 14:00(L.O.)　ディナー17:30 ～ 21:00(L.O.)
- 休業日／木曜日

■カード　不可　■席予約　席のみの予約も可(当日まで)　■禁煙席　なし

1

鮮度のよい素材を手間ひまかけて丁寧に調理

Japanese

割烹 たかしま

かっぽう　たかしま

☎ 028-622-9099

ランチ 800円～

ディナーコース 3,000円～

Lunch 月・火・水・木・金・土・日

Lunch Menu

焼魚定食各種 800円

お刺身定食各種 800円～

えびフライ定食 900円

＊どの定食にも小鉢2品・香の物・ライス・みそ汁・コーヒー付き

自慢のうな重をはじめとして、新鮮な旬の素材をおいしい料理で味わえる老舗の割烹料理屋さんです。泉町の繁華街にありながら、リーズナブルな価格で上質な素材を使用した料理が楽しめます。

注文してからさばいて調理してくれるうな重は、ふっくらとした仕上がりで、創業以来受け継がれてきたタレも、濃すぎずソフトな味わい。ランチタイムはその日の仕入れによって15種類ほどのメニューが用意され、予算に合わせたコース料理も用意してもらえます。

3

2

6

5

4

料理長からひとこと

高島強さん

ランチタイムは毎日の仕入れでメニューを決めているので、毎日通っても飽きることなく楽しんでいただけるお店です。数あるお店の中から当店を選んでくださったお客様の期待を裏切らない仕事を心がけています。

1. 写真は「うな重(単品) 3,000円」。注文してからさばいてくれるので、40分ほどかかります。ふっくらとしたうな重は待つ価値のある逸品!
2. ランチ定食の一例。写真は「銀鱈西京焼 900円」。小鉢2品・香の物・ライス・みそ汁・コーヒー付き。自家製で味噌をブレンドしてつけ込みました。
3. ランチ定食の一例。写真は「エビフライ 900円」。小鉢2品・香の物・ライス・みそ汁・コーヒー付き。毎日使用する分だけパン粉を作ります。サクサクぷりぷり!
4. 座席数はカウンター席6・テーブル席4・2～40人用の個室が6室あり。
5. 昼・夜ともに活気にあふれているお店です。
6. 最大40人までの宴会に対応してもらえます。料理は予算に応じて旬の素材で。

Information

- 所在地／宇都宮市泉町2-7
- 交通／東武宇都宮駅より徒歩5分
- 駐車場／有(6台) 無料
- 営業時間／11:00 ～ 13:30 (L.O.)　ディナー 17:00 ～ 23:00(L.O.)
- 休業日／ 日曜日・祝日

■カード　可(JCB VISA MASTER UC DC)

■席予約　席のみの予約も可(当日まで)

■禁煙席　なし

1

自家製粉の手打ち蕎麦が堪能できる蔵の店

Japanese

蔵《くら》

泉町にある、築一一〇年の大谷石の蔵を改装した家族で営むお蕎麦屋さん。内外は蔵の雰囲気をそのまま生かし、自慢の手打ち蕎麦を丁寧に作られる料理とともに提供してくれます。

産地を厳選したそばの実を毎朝その日の分だけ石臼で自家製粉し、店内で打って茹でたてをテーブルに。ランチタイムは選べるミニ丼ぶりとセットでリーズナブルに楽しめます。日本酒にこだわって、各地のおいしいお酒を豊富に取り揃えていることも自慢のひとつ。めずらしい銘酒に出会えます。

☎ 028-625-6709

ランチ 1,000円～

ディナーコース 3,500円～

Lunch 月・火・水・木・金・土・日

Lunch Menu

お昼セット 1,000円
もりそばと選べるミニ丼ぶり。ミニ天丼・鴨親子丼・とろろご飯・穴子丼・カレー丼などから選べます。

3

2

6

5

4

お店から
ひとこと

並木強さん
季節によって、北海道稚内産や県内(益子)産のそばの実を使用した二八そばです。皮ごと石臼で挽く「田舎そば 700円」も是非味わってみて下さい。日本各地のめずらしい銘酒も取り揃えています。

1.「お昼セット 1,000円」。写真はとろろご飯のセット。生のわさびをその場ですりおろしてどうぞ。
2. 写真は「鴨汁そば 1,200円」。温かい汁で冷たいそばをいただきます。
3. 単品メニューの「てんぷら 1,200円」。揚げたてあつあつのてんぷらをそばと一緒に。
4. 1階はテーブル席16と小上がり席8。ランチタイムは早めの来店がおすすめです。
5. 重厚感のある店構え。通りからそば打ちの様子も見られます。
6. 外階段から上がる2階には、20人まで入ることができる座敷席。宴会に利用できます。

Information

- **所在地**/宇都宮市泉町7-13
- **交通**/東武宇都宮駅より徒歩10分
- **駐車場**/有(10台) 無料
- **営業時間**/ランチ11:30 ~ 13:30 (L.O.)
  ディナー18:30 ~ 24:00　＊土曜日は22:00まで
- **休業日**/日曜日・祝日

■**カード**　不可
■**席予約**　席のみの予約も可(当日まで)
■**禁煙席**　なし

さくいん

あ

か

さ

Happy Birthday

■監修者プロフィール

宇都宮短期大学附属高等学校　調理科主事

三上秀平

一流のシェフやパティシエを志す高校生に対して「地産地消・食育・健康長寿」をキーワードに、自治体・商工会議所・調理業界・卒業生等との広いネットワークを通じて実践的な教育を行っている。またフランス・イタリア・中国、そして京都での研修を体験させることにより、世界に通用する人材を養成している。多くの教え子たちは、帝国ホテル・ホテルオークラ・吉兆・マキシムドパリなど県内外、さらに欧州の星付きレストランや海外の日本大使館でも活躍している。

Staff

取材・執筆■ジェイアクト

編集■鈴木萌・立川芽衣

撮影■伊東一平／チーフカメラマン（伊東写真館）・長島勉（長島写真館）・福田直紀（伊東写真館）

デザイン・DTP■疋田　滋

MAP■榎本早耶香・蛭牟田展衣

宇都宮　至福の上等なランチ

2015年2月15日　第1版・第1刷発行

監　修　三上秀平（みかみ　しゅうへい）
著　者　ジェイアクト
発行者　メイツ出版株式会社
　　　　代表者　前田信二
　　　　〒102-0093 東京都千代田区平河町一丁目 1-8
　　　　TEL：03-5276-3050（編集・営業）
　　　　　　　03-5276-3052（注文専用）
　　　　FAX：03-5276-3105
印　刷　株式会社厚徳社

メイツ出版ホームページアドレス http://www.mates-publishing.co.jp/
編集長：大羽孝志　　企画担当：堀明研斗